BERND IMGRUND

Ohne Rhein kein Dom

33 spannende und ungewöhnliche
Gespräche aus dem Kölner Leben

*mit Fotografien von
Peter Gauger, Thilo Schmülgen,
Christian Ohlig, Nabil Hanano,
R. Rudolf und Monika Larmann*

emons:

Bibliografische Information der Deutschen Bibliothek

Die Deutsche Bibliothek verzeichnet diese Publikation in der
Deutschen Nationalbibliografie; detaillierte bibliografische Daten
sind im Internet über http://dnb.d-nb.de abrufbar.

© Hermann-Josef Emons Verlag
© der Fotografien bei den Fotografen
Alle Rechte vorbehalten
Gestaltung: Barbara Thoben/ LNT-Design.de
Druck und Bindung: B.O.S.S Druck und Medien GmbH, Goch
Printed in Germany 2010
ISBN 978-3-89705-713-5
Originalausgabe

Unser Newsletter informiert Sie
regelmäßig über Neues von emons:
Kostenlos bestellen unter
www.emons-verlag.de

Vorwort

Ob die KVB-Technikerin, die Boxweltmeisterin wurde, oder der Diakon, der die Karnevalssäle zum Toben bringt; ob der gelernte Schreiner, der zum Kölschen Elvis mutierte, oder die Restauratorin, die den gefälschten Monet entdeckte: Sie alle repräsentieren Köln, diese seltsame Stadt am Rhein.

Der Schauspieler Guido Hammesfahr (»Löwenzahn«) hält sie für einen gelungenen Kompromiss aus Großstadt und Provinz. Die Straßenmusikerin Uta Titz, die einst als Obdachlose am Dom lebte, findet sogar die Kölner Ordnungshüter »total süß«. Der irische Kneipier Vincent Leggett wiederum kam hierhin wegen »den Mädchen, dem Bier und the craic«. Und wenn der Seelsorger Bert van der Post gefragt wird, ob man hier anders stirbt als anderswo, dann imitiert er den herrlichen Dialekt, in dem ihm eine alte Dame einst ihren tragikomischen Kampf gegen den Krebs schilderte.

Köln kann so bunt schillern wie ein Lappenclown, aber auch so trist daherkommen wie eine zertretene Kamelle im Regen. Dieses Buch versammelt insgesamt 33 Gespräche, die als fortlaufende Reihe jeweils samstags in der Kölnischen Rundschau erschienen. In der Zusammenschau entwickeln sie eine ganz eigene Qualität und beleuchten Köln mit all seinen verschiedenen Facetten zwischen Frivolität, Freude und Verwerfung.

Wenn Sie dieses Buch in die Hand nehmen, dann machen Sie es doch am besten wie der ebenfalls hier vertretene Helmut Urbach. Das Porzer Original, seines Zeichens mehrfacher Weltrekordler im 100-Kilometer-Laufen, hat ein unschlagbares Rezept parat, um auch lange (Lese-)Strecken zu bewältigen. So verblüffend es daherkommt, so simpel ist es auch: vorher ein Schnitzel, nachher ein Kölsch.

Oder war es umgekehrt?

Inhalt

»Im wirklichen Leben gewinnen die Schäls«

Peter Ulrich | Stockpuppenspieler

Auf dem Schreibtisch steht eine hölzerne Schnitzfigur, die DDR-Arbeiter einst Walter Ulbricht zum 70. schenkten. Auch die Wände von Peter Ulrichs Büro am Eisenmarkt sind vollgehängt mit historischen Puppen, Fotos und Zeitungsausschnitten. Schnell kommen wir über Köln und den Kölsch-Katholizismus zum Hänneschen-Theater.

Sie spielen seit zwölf Jahren den Schäl. Was ist das eigentlich für ein Typ?
Das ist der halbgebildete, sich intellektuell gebärdende Angeber.

Wie käme der rüber, wenn man mit dem beim Bier säße?
Amüsant! Der würde mir ein tolles Geschäft versprechen und mich dabei übers Ohr zu hauen versuchen.

War der als Jugendlicher schon so?
Entweder kannte er seinen Vater überhaupt nicht, weil der dauernd im Knast saß. Oder er war ein Schlüsselkind.

Was ist das?
Schlüsselkinder waren die, deren Eltern tagsüber beide zur Arbeit mussten. Deshalb hatten die immer einen Schlüssel um den Hals. Für uns andere waren die interessant, weil man bei denen immer in die Bude konnte, wobei: Kühl- und Schnapsschrank waren natürlich tabu.

»Die Bewerbung hat mein Vater geschrieben«

Sehen Sie Ähnlichkeiten zwischen Ihnen und dem Schäl?
Nein! Wie bei allen meinen Rollen versuche ich Ähnlichkeiten oder Annäherungen zu vermeiden. Ich habe es früher oft genug erlebt, dass sich Kollegen zu stark mit ihren Figuren identifizieren und die dann auch im Privaten verkörpern.

Als Speimanes hätte man es im echten Leben vermutlich recht schwer.
Ja, aber andererseits wäre das jemand, der andere Menschen unterhalten kann. Wenn der lustig wäre, würde man vielleicht über den Buckel und die feuchte Aussprache hinwegsehen.

Sie haben 1970 im Hänneschen angefangen. Als was?
Wie das am Theater so üblich ist, als Alles-Spieler: Glühwürmchen, quiekendes Eichhörnchen, den Hirsch führen und so weiter. Und früher oder später wird im Ensemble jemand krank, und man kann einspringen.

Erinnern Sie sich an Ihre erste größere Rolle?
Das war ein Arzt.

Peter Ulrich zeigt auf einen an die Wand gepinnten Pressetext aus dem Jahr 1971. Der Puppenspieler, der seit seinem 17. Lebensjahr einen Bart trägt, ist darauf jedoch kaum zu erkennen. »Kaum spielt er 'nen Arzt, rasiert er sich die Fusseln ab«, wurde er seinerzeit im Ensemble gehänselt.

Die frühen 1970er waren eine bewegte Zeit. Was haben Sie da außerhalb des Theaters gemacht?
Vor allem habe ich mich politisch betätigt, soweit das zeitlich möglich war. Meine Proteste gegen den Vietnamkrieg oder die griechische Junta stießen

allerdings im Ensemble auf totales Unverständnis. Das ging sogar so weit, dass ich als »Kommunistenlümmel« denunziert wurde.

Und? Waren Sie ein Kommunistenlümmel?
Ein Lümmel war ich nicht! Aber mein Herz, das ist klar, schlug auf der linken Seite.

Waren Sie auch parteipolitisch engagiert?
Nein, im Theater nie. Das war ja die Zeit der Berufsverbote, als Willy Brandt sagte: Wir wollen mehr Demokratie wagen. *(lacht)*

Waren Sie ein Idealist?
Nein, das war mehr als Idealismus. Das war meine Weltsicht. Man lernt mit den Jahren aber auch, die politische Meinung anderer zu respektieren.

Damals gab es auch ein stark politisiertes Theater in Deutschland.
Das hätte man niemals auf das Hänneschen übertragen können. Unter der damaligen Leitung und den geistigen Strömungen dieses Hauses wäre das unmöglich gewesen. Leider.

Daneben gab es das neue Volkstheater à la Trude Herr.
Trude Herr hatte eine kommunistische Kindheit hinter sich, und ich dachte, da kommt jetzt mal etwas richtig Neues. Also in Richtung Dario Fo und nicht diese Hirnverkleisterung wie im Komödienstadel. Ich habe mir fast alle ihre Stücke angesehen, aber ich war immer enttäuscht.

Trude Herr wird heutzutage verklärt.
Ja, das waren letztlich genau dieselben Schwänke wie beim Millowitsch.

Wie sind Sie zum Hänneschen gekommen?
Die Bewerbung hat mein Vater geschrieben. Ich hatte eigentlich nie die Intention gehabt, zum Theater zu gehen.

Für den Job beim Hänneschen qualifizierte Ulrich damals neben seinem fließenden Kölsch und der voluminösen Stimme die Bühnenerfahrung, die er im Karneval gesammelt hatte. Auch mit Puppen hatte er schon gearbeitet: während seiner Ausbildung zum Schaufensterdekorateur.

Sie arbeiten hier seit mittlerweile 39 Jahren. Was waren die bedeutendsten Wandlungen?

Bevor ich hier anfing, stammten die Stücke aus den 1920ern oder gar aus dem Jahrhundert davor. So manche Abendvorstellung fiel aus, weil sich gerade einmal eine Handvoll Zuschauer eingefunden hatte. Sehr oft kam das vor! Aber mit der Hinwendung zu moderneren Stoffen füllten sich auch wieder die Ränge.

Schon immer kam der Figur des Schäl eine wichtige Bedeutung zu. Wie würden Sie die beschreiben?
Der Schäl hat die dramaturgische Aufgabe, der Dreh- und Angelpunkt zu sein, derjenige, der die Geschichte vorantreibt.

Er versucht sich jedesmal an einem verschlagenen Vorhaben, das letztlich schiefgeht.
Ja, das ist halt unsere Moral, das Märchenhafte: Das muss schiefgehen! Im wirklichen Leben gewinnen die Schäls. Sehen Sie sich die derzeitige Wirtschaftskrise an, all die BWL-Heinis, die das verursacht haben: Denen passiert nichts.

Jenseits vom Moralischen und Politischen umweht die Figur Schäl aber auch etwas Tragisches: Er verkörpert das ewige Scheitern. Ist der nicht im Grunde ein kölscher Sisyphos?
Absolut! Diese Figur ist ja auch nicht nur eindimensional böse. Der biegt sich die Welt und sein eigenes Wesen halt so zurecht, dass es für ihn stimmig ist.

Und zum Ende hin meldet sich bei ihm auch ein Gewissen.
Genau, wobei er das gut verdecken kann. Für seine finsteren Pläne sucht er sich immer wieder neue Komplizen, im Idealfall die dümmsten seiner Zeitgenossen. Der Manes hilft ihm für ein paar gute Worte, der Tünnes für ein Kölsch. Dieses durchtriebene Vorgehen hat durchaus auch etwas Politisch-Philosophisches.

Die anderen Figuren agieren statischer. Oder könnte das Hänneschen über Nacht zum Islam konvertieren und Bärbelchen plötzlich schwanger werden?
Hänneschen als Kopf einer Knollendorf-Zelle, das wäre eigentlich mal eine Idee. Das haben wir noch nie gemacht, aber das ist alles denkbar als Geschichte innerhalb der großen, über 200-jährigen Geschichte dieses Theaters.

Ihre Abendstücke zeichnen sich stets durch eine gewisse satirische Schärfe auch gegenüber Kölner Säulenheiligen aus. Hat sich schon mal jemand über Sie beschwert?

Das ist durchaus schon vorgekommen, aber unser Intendant, der Heribert Malchers, ist da ein guter Prellbock. Im Übrigen sind unsere Politiker heutzutage dermaßen geschmeidig, dass die immer herzhaft mitlachen, wenn sie veräppelt werden. Fritz Schramma ist sogar schon eine feste Figur in unserem Puppenensemble.

Schade, dass er aufhört, oder?

Ach, wissen Sie … Die Schrammas kommen und gehen, doch das kölsche Volk bleibt bestehen. *(lacht)*

Für Sie ist in vier Jahren auch Schluss. Was wollen Sie bis dahin noch erreichen?

Ich bin der Meinung, dass ich dem Hänneschen sehr genutzt habe. Mit meinen Stücken wurde der Saal wieder voll, das war meine Arbeit. Deshalb fände ich es schön, in den nächsten Jahren noch ein paar weitere Stücke schreiben zu dürfen. Jenseits dessen wünsche ich mir, dass die Kindervorstellungen endlich wieder voller werden. Ich weiß nicht, woran es liegt, aber da bleiben doch oft die Reihen recht leer.

Obwohl ich genauso viele Fragen wie sonst vorbereitet habe, ist das Interview um ein Drittel länger als gewöhnlich geworden. »Tja«, sagt Peter Ulrich, »ich ben halt ene Schwadlappe.« Womit zu guter Letzt wenigstens eine Übereinstimmung mit seiner Stockpuppe gefunden wurde.

 *August 2009*

Peter Ulrich wurde 1948 in Köln geboren. Im Kaufhaus Horten auf der Schildergasse absolvierte er eine Ausbildung zum Schaufenstergestalter, bevor er 1970 beim Hänneschen-Theater anfing. Ab 1982 verlieh Ulrich dem gemütlich-tumben Tünnes seine Stimme, bevor er 1997 die wichtigste Stockpuppe des Ensembles, den Schäl, übernahm. Der heutige St. Augustiner schreibt fast sämtliche Abendstücke, führt dabei zumeist selbst Regie und fungiert zudem als stellvertretender Intendant des Theaters. Peter Ulrich ist verheiratet und hat einen Sohn.

»Blaue Flecken gehören dazu«

Melanie Koschalka | Fußballerin

Mit Melanie Koschalka trifft man sich natürlich am Südstadion. Auf dem Aschenplatz hinter dem Vereinsheim trägt gerade die U15 der Mädchen ein Match aus. Wir setzen uns auf den kleinen Hügel am Spielfeldrand und schauen zu.

In Presseartikeln werden Sie häufig für Ihren harten, präzisen Schuss gelobt. Ist da was dran?
Das wundert mich jetzt. Aber, ja, wenn der Ball richtig liegt, dann sieht das schon ganz gut aus.

Was ist der Reiz an Distanzschüssen?
Dass man sich nicht bis zum Tor vorkämpfen muss. Und natürlich sieht so ein Ferntor auch immer schön aus.

Kloppen oder Kurzpassspiel – wofür steht Ihre Mannschaft?
Das Kurzpassspiel ist schon unsere Stärke. Wobei es bei uns in der Liga

oftmals nicht ums Schönspielen geht, sondern nur um den Kampf. Das gefällt mir eigentlich nicht so, ich stehe mehr auf den schönen Fußball.

Wie professionell ist die Damen-Regionalliga? Spielt Ihr Team beispielsweise mit zwei Viererketten?

Nee, wir spielen mit einer Viererkette in der Abwehr und davor mit der Raute und zwei Stürmern.

»Ich war durchaus ein typisches Mädchen«

Ist das ein schwieriges System?

Kompliziert ist jedenfalls die Abwehrkette. Da muss man sich immer entscheiden, ob man jemanden hängend spielen lässt oder ob man auf Abseits geht. So etwas muss halt gut abgestimmt und trainiert werden.

Haben Sie früher auf dem Schulhof schon die Jungs schwindelig gespielt?
(lacht) Ja, in der Grundschule auf jeden Fall. Und auch später auf dem Gymnasium konnte ich mit den Jungs ganz gut mithalten.

Gefiel die Idee, in einen Fußballverein zu gehen, Ihren Eltern?
Nun ja, meine Mutter hatte schon eher an Tanzen und Ballett gedacht, aber der Papa war immer dafür. Und so habe ich mich dann auch durchgesetzt.

Und was ist jetzt mit Ballett?
Früher habe ich noch nebenher geturnt, aber nein, das war nichts für mich. Mein Ding ist der Fußball.

Wie sah es bei Ihnen mit Barbiepuppen und ähnlichen Accessoires aus?
Die hatte ich auch, klar. Ich war durchaus ein typisches Mädchen, Fußball hin oder her.

In welchem Verhältnis stehen blaue Flecken zu Lidschatten?
(lacht) Also, blaue Flecken gehören dazu, habe ich auch noch nie ein Problem mit gehabt. Das sieht natürlich im Sommer zum Rock nicht so gut aus, aber da muss man mit leben. Die gehen schließlich auch wieder weg.

Sie spielen schon ein paar Jährchen Fußball. Würden Sie sagen, Fußballerinnen sind anders als andere Frauen?
Nein. Wenn ich auf der Straße Mädchen aus meiner Mannschaft treffen

würde, sähe ich keiner an, dass die Fußball spielt. Bei uns gibt es alles, bis hin zur totalen Tusse.

In ihrer Jugendzeit, sagt Melanie Koschalka, trugen viele Fußballerinnen noch kurze Haare. Aber was jetzt vor uns über die Asche rennt, die U15 von Fortuna und ihre Gegnerinnen, wirkt doch sehr mädchenhaft: Pferdeschwänze und Zöpfe dominieren die Frisuren.

Woran erkennt man die Tussen?
Die spielen dann eben auch gern mal mit Schminke, vor dem Spiel wird in den Spiegel geschaut und so weiter.

Welche Schulabschlüsse oder Ausbildung haben Ihre Kolleginnen?
Wir haben eine relativ junge Mannschaft, die meisten gehen noch zur Schule und machen demnächst Abi. Einige studieren, und ich mache halt meine Ausbildung zur Fachangestellten für Orthopädie.

Und das in Bergisch Gladbach, wo Sie auch aufgewachsen sind. Was für ein Verhältnis hat man als Bergisch Gladbacherin eigentlich zu Heidi Klum?
»Germany's Next Topmodel« habe ich natürlich gesehen, tut ja jeder.

Ich nicht.
Na ja, Männer! Aber ich habe mir das mit meinen Freundinnen angesehen.

Kann man Heidis Methoden mit denen eines Fußballtrainers vergleichen? Zuckerbrot und Peitsche?
In der Hinsicht schon, ja. Ein Trainer muss mal einen Spaß machen können, aber notfalls eben auch hart durchgreifen.

Sie haben einen männlichen Trainer, finden Sie das gut?
Ja, das finde ich. Vor einem Mann hat man auf dem Platz einfach mehr Respekt, der kann auch härter durchgreifen als eine Frau.

Auch in der Frauen-Bundesliga sind die Trainer meist männlich. Hätten Sie gern einmal Bundesliga gespielt?
Natürlich, aber auch damit kann man kein Geld verdienen. Als Frau braucht man einen Job, und der geht immer vor. Selbst wenn ich in der Ersten Liga spielen würde, könnte ich davon nicht leben.

Männliche Regionalligaspieler bekommen schon Geld, oder?
Die können davon sogar leben! Wir dagegen kriegen gar nichts, null! Noch nicht mal Spritgeld.

Bei Fortuna sind die Damen das höchstspielende Team.

Genau, aber da interessiert sich vom Vorstand niemand für.

Woran merkt man das?
Zum Beispiel daran, dass wir in der letzten Saison über drei Monate keinen festen Trainer hatten. Die vom Vorstand versprochene Hilfe ist komplett ausgeblieben, obwohl schon mehrere Spielerinnen den Verein verlassen hatten wegen dieser Situation. Wir bekommen noch nicht einmal neue Trikots, sondern müssen die alten der Herren auftragen.

Haben die nicht einen ganz anderen Schnitt?
Doch, natürlich. Aber vor allem sind die alle XXL und sehen bei uns aus wie Säcke.

Trotzdem fahren Sie dreimal die Woche nach der Arbeit noch von Bergisch Gladbach zum Training in die Kölner Südstadt.
Ja, das ist durchaus stressig. An so einem Tag gehe ich morgens um sieben aus dem Haus und komme abends um zehn wieder.

Richten Sie Ihr Alltagsleben auch nach dem Fußball aus? Stichworte: früh ins Bett, fettfrei essen, wenig Alkohol.
Also auf meine Ernährung achte ich überhaupt nicht, ich esse, was ich möchte. Schließlich mache ich genug Sport! Aber wenn ich samstags abends rausgehe, passe ich schon auf, dass ich's nicht übertreibe. Unsere Spiele finden meistens sonntags um eins statt. Und zu Auswärtsspielen muss man unter Umständen schon um neun losfahren.

Lange Wege, keine Vereinsunterstützung, Staub und blaue Flecken – warum tun Sie sich das eigentlich an?
(lacht) Weil Fußball Spaß macht! Mir gefällt das Auspowern nach der Arbeit, die Bewegung, das Gefühl, Teil eines Mannschaftsgefüges zu sein.

Wobei Sie ja die Kapitänin, also der Boss, sind. Wie handhaben Sie das?

Da muss man manchmal hart durchgreifen können, wenn sich Leute danebenbenehmen.

Also so etwas rufen wie »Lauf endlich, du faule Socke«?
Ja, manche brauchen halt hin und wieder einen Tritt in den Hintern. Aber ich bin natürlich nicht nur die Wortführerin auf dem Platz, sondern auch das Bindeglied etwa zum Trainer, wenn es da irgendwo Probleme gibt.

Heißen Ihre Vorbilder eher Messi oder Birgit Prinz?
Eine Frau als Vorbild habe ich nicht. Aber der kleine Messi ist schon nicht schlecht. Und Cristiano Ronaldo gefällt mir zwar nicht als Typ, aber fußballerisch hat der natürlich was drauf.

Was missfällt Ihnen an dem?
Der ist mir zu prollig.

Und warum bewundern Sie Messi?
Weil er mit dem Ball umgehen kann, weil er schnell ist und einen geilen Pass spielen kann. Weil er das Spiel lesen und Tore schießen kann.

Und weil er nicht so prollig aussieht wie Cristiano Ronaldo?
Genau!

Dass ich den Fotografen nicht vorher angekündigt habe, stürzt Melanie Koschalka in Verlegenheit. Die Haare seien fettig, und in der Hinsicht sei sie schon »typisch Mädchen«. Aber na ja, Hauptsache, ich weise darauf hin, dass die Fortuna-Frauen noch Verstärkung für die Regionalliga brauchen können.

 *Juni 2009*

Melanie Koschalka, geboren 1988, wuchs in Bergisch Gladbach

auf, wo sie auch heute noch lebt. Nach ihrem Abitur begann sie eine Ausbildung zur Medizinischen Fachangestellten für Orthopädie. In ihrer Jugendzeit durchlief Melanie Koschalka mehrere Auswahlmannschaften des Fußballverbands Mittelrhein. Mit der U15 gewann sie den Deutschen Länderpokal. 2003 dann wechselte sie von TuS Köln rechtsrheinisch zu Fortuna Köln. Mit der 1. Damen, deren Kapitänin sie inzwischen ist, gelang ihr im Jahr 2007 der Aufstieg in die Regionalliga.

»Wer leben kann, der kann auch sterben«

Bert van der Post | Seelsorger

In Bert van der Posts Wohnung in Sülz sind die Wände gespickt mit modernen und ethnischen Kunstwerken aus aller Welt. Bekommen hat er sie von den Angehörigen der über 6.000 Verstorbenen, die er als Seelsorger betreute. »Im Grunde sind das alles Leihgaben«, sagt van der Post zur Begrüßung.

Sie haben ursprünglich eine Friseurlehre gemacht. Haben Sie auch als Friseur gearbeitet?
Ja, allerdings! Meine Großmutter war in den 1920er Jahren die erste Friseurmeisterin Deutschlands.

Die Oma ist schuld?
Genau. Ich selber wäre nie auf die Idee gekommen, Friseur zu werden. Aber im Nachhinein bin ich froh darüber. Ich habe durch diesen Beruf gelernt, mit allen Arten von Menschen umzugehen.

Es gibt Parallelen zwischen Friseuren und Seelsorgern, nicht wahr?

Ein guter Friseur ist ein guter Seelsorger. Ich würde manchem Priester wünschen, er hätte so viel Kontakt mit Menschen aus allen Schichten, wie ich in diesem Beruf hatte. Als Friseur lernt man das Zuhören, da ist man schon ein halber Beichtvater.

Seelsorger ist ein schönes Wort. Aber was macht so einer eigentlich?

> »Ein guter Friseur ist ein guter Seelsorger«

In erster Linie kümmert er sich um Menschen. Ich habe immer versucht, die Leute so zu nehmen, wie sie sind. Meine Großmutter, diese wunderbare Frau, hat immer gesagt: Junge, lass dir nie ein Bild vom Menschen machen, sondern entdecke ihn so, wie er dir entgegenkommt. Und dann wirst du merken, wie großartig jeder einzelne ist.

Sie kümmern sich seit fast 40 Jahren um Menschen, die todkrank sind. Wie verhält es sich mit dem Leben und dem Sterben?

Menschen, die leben können, die können auch sterben. Und es gibt solche, die nie wirklich gelebt haben. Die können dann auch ganz schlecht sterben.

Was bedeutet das zum Beispiel?

Ich durfte viele Mütter begleiten, die an ihrem Lebensende vollkommen ausgepowert waren. Die hatten immer nur für ihre Pänz und ihre Ehegatten gelebt, ohne je viel zurückbekommen zu haben. Wenn die dann wenigstens in der Klinik mal richtig verwöhnt werden, wenn man denen vielleicht einen letzten, geheimen Wunsch erfüllen kann, dann bedeutet das ein großes Glück.

Manche Menschen müssen erst mal leben lernen, sagen Sie. Sterben lernen ist sicherlich ungleich schwieriger.

Es gibt den »schönen Tod«! Davon bin ich ganz fest überzeugt, ich habe es oft genug erlebt. Die Menschen, die ich begleiten durfte, sind wirklich alle in Frieden gegangen.

Und wie findet man ihn, den schönen Tod?

Natürlich ist das zu Anfang immer schwierig. Die Leute sind erschüttert.

Warum ich?, fragen sie sich, wenn sie so einen verdammten Krebs oder eine Aids-Infektion mit sich herumtragen. Ich habe immer versucht, mit den Betroffenen zusammen danach zu forschen, wo das alles begonnen hat, wo es in deren Biographie dieses unverarbeitete Geschäft gab. Und wir haben dann auch immer solche Wege in die Vergangenheit gefunden.

Was bedeutet Ihre Aufarbeitung für das Sterben dieser Menschen?
Sie lernen loszulassen, und sie begreifen, dass man nichts mitnehmen kann.

Sie haben auch mehrere Jahre in der Kinderkrebsklinik gearbeitet. Wohl die schwierigste Aufgabe für einen Seelsorger.
Kinder sind die besten Lehrmeister, die es gibt. Die mögen dich, oder die mögen dich nicht. Ich bin, toi, toi, toi, von den Kindern nie abgewiesen worden. Die haben mich eher darum gebeten, ihre Eltern nach Hause zu schaffen, weil sie deren Tränen nicht mehr sehen konnten.

Problematische Reaktion, oder?
Das ist dann natürlich eine Konfliktsituation. Solchen Eltern habe ich versucht zu erklären, dass das Kind nur vorauswandert, sich aber durch diese Tränen festgehalten fühlt. Die Kinder hingegen wissen ganz genau, wo sie hingehen. Die wissen, wie es im Himmel aussieht, die wissen, wie Engel aussehen und so weiter.

Der Sterbende wandert voraus, sagen Sie. Aber wohin?
Ich weiß hundertprozentig, dass wir nur den Körper, unsere äußere Hülle ablegen. Aber das, was uns wirklich ausmacht, das bindet sich ein in etwas ganz Wunderbares, Großes.

»Der Tod ist nur ein Umzug in ein schöneres Haus«, haben Sie mal gesagt.
Sie können das Himmel nennen, die göttliche Liebe oder wie auch immer. Wir Menschen brauchen eben Bilder, um etwas zu begreifen.

»Kinder sind die besten Lehrmeister, die es gibt«

Van der Post kommt an dieser Stelle ins Sinnieren. Er erzählt Geschichten, die ihn geprägt haben: vom leukämiekranken Bernd, der nicht glauben konnte, sich aber in des Seelsorgers Glauben fallen lassen wollte; von seiner großen Sammelaktion für peruanische Erdbebenopfer und der darauf folgenden Strafversetzung; und vom jungen Schreiner Theo, der an einer verschleppten Gehirnerschütterung starb.

Patentrezepte gibt es in Ihrem Beruf nicht, nehme ich an.
Nein. Jeder Mensch ist eine Persönlichkeit für sich, das ist zugleich das Interessante bei den vielen, vielen Abschieden, die ich erleben durfte. Das hat mir auch die Angst vor dem eigenen Tod genommen.

Sie haben keine Angst vorm Tod?
Nö.

»Ich jlöuf, ich han Krebbs«

Die Antwort kommt so spontan wie gelassen. Van der Post zeigt auf ein Tongefäß. Die Urne dort, erklärt er, da möchte er später mal rein. Geschaffen wurde sie von einer Belgierin, van der Post hat sie während des Töpfermarkts auf dem Neumarkt entdeckt. Jetzt steht sie immer in Sichtweite in seinem Wohnzimmer, direkt vor dem Fenster.

»Lachen heilt«, lautet einer Ihrer Leitsätze. Was meinen Sie damit?
Man darf nicht nur über das Leiden reden, auch nicht bei einer schlimmen Krankheit. Schließlich ist ja das Leben noch da, und es bleibt noch Zeit, ein paar schöne Dinge zu tun. Auch im Rollstuhl, auch wenn es mühsam zu bewerkstelligen ist. Ich habe immer versucht, selbst mit Todkranken noch irgendetwas zu unternehmen, das ihnen Freude macht. Manchmal habe ich Musikgruppen in die Klinik eingeladen. Viele haben sich zunächst geziert, auf einer Krebsstation zu spielen. Aber alle haben ihren Auftritt später als unvergessliches Erlebnis bezeichnet.

Gibt es regionale Unterschiede im Umgang mit dem Sterben?
Jeder Mensch hat seinen persönlichen Tod. Aber die Herkunft spielt sicherlich immer eine Rolle. Ich erinnere mich an eine echte Kölsche, met rude Hoor, so 'n richtig fussich Julche wor dat. »Och, Herr Pastur, ich jlöuf, ich han Krebbs«, sagte die zu mir. Ihre ersten Untersuchungen verhießen dann, dass sie gesund sei, und daraufhin meinte sie: »Ich han zo mingem Schat-

zemann jesaat, hä sull bei der Bank 1.000 Mark holle und die der Schwarzen Madonna *(in St. Maria in der Kupfergasse, B.I.)* brenge.«

Haben Sie die Frau wiedergesehen?
Ich traf sie ein paar Tage später auf dem Gang, nach einer weiteren Untersuchung. Und da meinte sie zu mir: »Scheiße, dat wor en Fehlinvestition, ich han doch Krebbs!«

Das klingt so lustig wie traurig. Deshalb stelle ich die Frage jetzt doch noch: Wie hält man so einen Job eigentlich aus?
Ich sage mir immer: Ich fühle mit, ich habe Mit-Gefühl. Aber ich darf nicht mitleiden. Gott gibt mir dazu die Kraft.

 *Oktober 2009*

Bert van der Post

wurde 1937 in Kleve geboren. Nach einer Friseurlehre studierte er katholische Theologie und wurde Seelsorger der Alt-Heilig-Katholischen Kirche, einer vor allem in den USA und Kanada aktiven katholischen, nichtrömischen Glaubensgemeinschaft. Seit den 1970er Jahren widmet sich van der Post der Begleitung Sterbender, vierzehn Jahre davon als Seelsorger der Kölner Universitätsklinik. Zum selben Zweck gründete er 1994 den Verein »Himmel un Ääd«. Ebenfalls zur psychosozialen Betreuung von vor allem Krebs- und Aidspatienten eröffnete er im Jahr 2000 das Haus Tobias in Solingen.
Der in Sülz lebende van der Post erhielt zahlreiche Auszeichnungen, darunter die Albert-Schweitzer-Medaille 1. Klasse für humanitäre Verdienste, den LVR-Ehrenpreis für Soziales Engagement und das Bundesverdienstkreuz. Weitere Informationen zu seinem Wirken finden sich im Internet unter www.st-paulus-gemeinde.de.

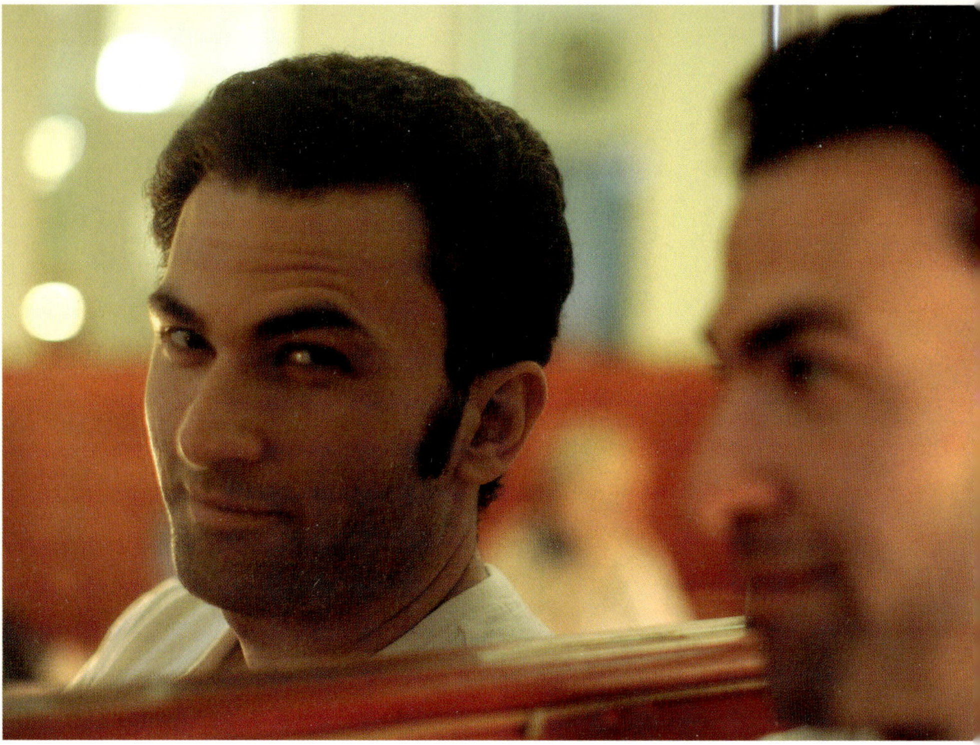
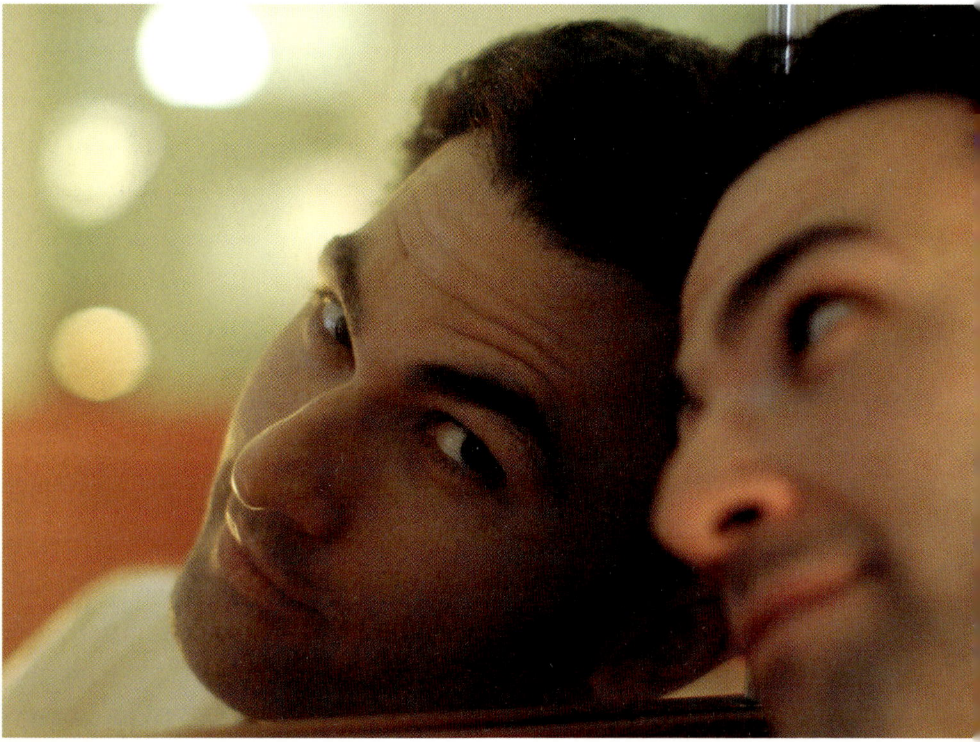

»Ich bin ein Ragout aus beidem«

Fatih Çevikkollu | Kabarettist

Das Café Elefant spiegelt die Sozialstruktur des Agnesviertels: An einem Tisch wird Schach gespielt, am nächsten ins Laptop gehackt, und am dritten sitzt ein morgendlicher Trinker. Fatih Çevikkollu kommt gut gelaunt aus der Sonne und bestellt sich einen grünen Tee.

Sie haben drei Jahre Theater gespielt. Wie kamen Sie zum Kabarett?
Ich hatte immer das Gefühl, es gibt Dinge um mich herum, die erzählt werden wollen, die viel aktueller sind als die Stücke am Theater. Meine eigenen Erfahrungen haben dort nicht stattgefunden.

Erinnern Sie sich an Ihren ersten Auftritt?
Oh ja, in leuchtenden Farben. Das war ein fünfminütiges Stand-up in einer Nippeser Kneipe. Kein einziger Gag hat gezündet, aber wie ich die peinliche Stille überspielt habe, das kam beim Publikum an. Die haben sich totgelacht. Der Wirt meinte danach zu mir: Fand ich ja mutig, so ganz ohne Programm auf die Bühne zu gehen.

Inzwischen ist Fatih Çevikkollu längst kein Geheimtipp mehr, er absolviert rund 20 Auftritte im Monat. Weiter entfernte Gigs versucht er en bloc zu legen, um möglichst viel Zeit zu Hause zu verbringen. Seit anderthalb Jahren ist er Vater einer Tochter.

Ihr bekanntester Sketch ist eine kölsche Parodie von Marlon Brando aus dem »Paten«. Bei YouTube sind für die Nummer über 30.000 Klicks verzeichnet.

»Warum spricht der jetzt türkisch?«

Ja, obwohl ich den fast nur um Köln herum spiele. Wenn Sie den irgendwo im Saarland bringen, funkt da gar nichts. Dann denken die Leute: Verdammt, warum spricht der jetzt türkisch?

Sie sind in Nippes geboren und aufgewachsen. Als eines Ihrer Ziele haben Sie einmal angegeben, dass Sie irgendwann niemand mehr nach Ihrer Herkunft fragt.

Wenn man so aussieht und spricht wie ich, wird man immer wieder gefragt, wo man herkommt. »Aus Köln«, sage ich dann, aber die Reaktion ist ein Schmunzeln und eine erneute Nachfrage. Dass Menschen wie ich hier geboren sind, ist noch immer nicht im Bewusstsein vieler Leute angekommen. Aber das ist eben ein Fakt, den man endlich begreifen sollte.

Rassismus, sagen Sie, beginnt schon mit der Frage, ob man sich als Türke oder Deutscher fühle.

Genau. Die Frage will mich zu einer Entscheidung zwingen, mit der ich auf einen Teil von mir selbst verzichte. Wenn ich mich zwischen diesen beiden Polen – witzig, dass jetzt auch die Polen ins Spiel kommen – entscheide, gebe ich die andere Seite auf. Die Frage birgt also einen rassistischen Kern, indem da negiert wird: Der ist ein Ragout aus beidem.

Ihr politischer Ansatz spiegelt sich auch in Ihrem Bühnenprogramm. Nur »lustig« reicht Ihnen nicht?

Ich will meine Umwelt reflektieren, auch Kritik üben. Wenn man als Türke in Deutschland auf die Bühne geht, ist das per se politisch. Im Fernsehen wird immer wieder das Bild des minderbemittelten, sprachgestörten, aggressionsgeleiteten Ausländers gezeichnet. Das ist nicht repräsentativ, sondern schlicht eine Beleidigung.

Was stört Sie in diesem Zusammenhang an Kaya Yanar?
Die Frage ist doch: Liefere ich dieses Bild aus Gefälligkeit gegenüber der Mehrheitsgesellschaft ab, oder präsentiere ich eine eigene Realität? Soweit ich weiß, kann Kaya Yanar kein Türkisch. Was ist Kultur? – Sprache, Musik, Essen, Tänze, Bräuche! Wenn ich die Sprache nicht habe, fehlt mir doch ein eminent wichtiger Teil der Kultur. Yanar sagt, Politik sei langweilig, nun ja. Vielleicht ist er auch einfach nur ein guter Geschäftsmann.

Trotz Ihres politischen Anspruchs wollen Sie mit Ihrem Programm niemanden verletzen. Ihre Show soll charmant sein und die Menschen unterhalten.
Ich bin halt eine kölsche Frohnatur! Zuweilen trete ich durchaus jemandem gegen das Knie, aber der Charme dient mir als Türöffner, um die Leute zu gewinnen.

Sehr wichtig ist Ihnen das emotionale Miteinander, sagen Sie.
Mein Programm zielt nicht auf den Intellekt, sondern aufs Herz. Emotionen – daran krankt es ja in unserer Gesellschaft, auf der Straße, in der Schlange vor der Supermarktkasse oder sonst wo. Ich glaube, wenn ich mitfühle, wie es dem anderen geht, und wir dadurch auf eine Art miteinander verbunden sind, dann ist das ein großer Schritt in Richtung Verständigung.

»Ich bin halt eine kölsche Frohnatur!«

Ihre Eltern haben Sie schon in den 1970er Jahren von den – wie Sie es nennen – »Hinterhofmoscheen« ferngehalten. Warum?
Weil man da damals schon indoktriniert wurde. Zum Beispiel wurde gegen den türkischen Staat aufgewiegelt, gegen Atatürk, der immer ein großes Feindbild für die Islamisten war. Der hat gesagt: »So, die Türkei wird jetzt modern.« Hat den Frauen das Kopftuch weggenommen und den Männern den Fes. Den islamischen Vereinen geht es nicht um Religion, sondern um Macht.

Wie war das Verhältnis der türkischen Prediger zum deutschen Staat?
Das ist ja das Verbrechen! Was heute als brandaktuelles Problem diskutiert wird, existiert in Deutschland seit 25 Jahren. Diese Jungs, die da mit ihren

Bärten rumrennen und die Parallelgesellschaft aufbauen, die gab's schon immer. Aber damals lief das unter dem Motto »Religionsfreiheit«, da konnten die machen, was sie wollten. Unzählige Familien sind denen in die Fänge und daran kaputtgegangen. Und all diese Vereine haben dabei, vor allem durch Spenden, eine ganze Menge Geld verdient.

Unser Gespräch wird durch einen Handyanruf unterbrochen. Çevikkollu wechselt spielerisch zwischen Türkisch und Deutsch. »Tamam«, sagt er am Ende und übersetzt es auch sofort: »Alles klar!«

Wo haben Sie Ihr fließendes Kölsch gelernt?

Mit meinen Eltern habe ich Türkisch geredet. Aber wir hatten eine alte Dame im Haus, die war Jahrgang 1900. Die war praktisch meine erste Freundin, eine typische kölsche »Omma«, und hat mir viel über Köln erzählt. Und nebenbei habe ich durch sie auch noch Kölsch gelernt.

Waren Sie schon als Kind an Sprache interessiert?

Ja. Aber wenn man in Köln lebt, dann kommt man um das Kölsche doch gar nicht herum – dat es doch quasi unmöschlich! Die kann man ja sogar trinken, die Sprache.

»Ich bin ene kölsche Jung« – ein Spruch, den Sie auch auf der Bühne bringen. Was drückt dieser Satz jenseits der geographischen Tatsache des Hiergeborenseins aus?

»Das ist ja das Verbrechen!«

Ich habe ja ein paar Jahre in Berlin studiert, da sind die Leute einfach ganz anders drauf. Setzen Sie sich mal in Berlin ins Taxi oder in Köln, dann merken Sie das. Ich identifiziere mich gern mit Köln und sehe mich auch durchaus als Bereicherung dieser Stadt, dieser Gesellschaft hier.

Wie manifestiert sich diese Köln-Verbundenheit?

Wir sind früher jahrelang im Urlaub in die Türkei gefahren, drei Tage hin, drei Tage zurück. Und schon 200 Kilometer vorher, wenn Köln erstmals auf den Hinweisschildern auftauchte, war ich glücklich. Und wenn man dann auf der A3 über die Zoobrücke nach Köln hineinfährt – das war immer ein überaus befreiendes, erhebendes Gefühl.

Fatih Çevikkollu hat den Schalk in den Augen, das erkenne ich beim abschlie-ßenden »Nasenfoto«. Es ist ein lustiger Schalk, klar, aber auch kein ganz unge-fährlicher. Bevor wir gehen, verrät mir Çevikkollu noch seinen Traum für die Zukunft: Ein Bühnenabend mit den »wundervollen Kurzgeschichten« von Anton Tschechow.

Mai 2008

Fatih Çevikkollu

wurde 1972 als Sohn türkischer Eltern in Nippes geboren. Nach einer Schauspielausbildung an der Berliner Hochschule Ernst Busch war er von 2001 bis 2004 Ensemblemitglied am Schauspielhaus Düsseldorf. Von 1999 bis 2006 spielte er in der RTL-Comedy-Serie »Alles Atze« den Kioskhelfer »Murat«. Ende 2005 präsentierte er sein erstes Solo-programm namens »Fatihland«, für das er 2006 den Jury-Preis des renommierten Prix Pantheon erhielt. »Er schafft mit Liebe und Selbstironie einen urkomischen Brücken-schlag zwischen seinen beiden Kulturen: der deutschen und der türkischen«, hieß es in der Laudatio. Näheres zu Çevikkollus Programm und Auftrittsterminen erfährt man auf seiner Homepage unter www.fatihland.de.

»Bis heute in der Nase habe ich den Geruch pubertierender Jungs«

Suzie Kerstgens | Sängerin

Die Stimme von Suzie Kerstgens klingt rauchig, da ändert auch der Kräutertee im Hallmackenreuther nichts dran. Wenn sie lacht, und das tut sie gern und häufig, wachsen Grübchen in ihre Wangen. Als ich ankomme, sitzt sie bereits am Tisch. »Ich habe alle Zeit der Welt«, sagt sie.

Erinnern Sie sich, als Kind der 70er, an Ihren ersten Walkman?
Ich durfte lange Zeit keinen haben. Meine Eltern fanden, das sei nicht gut für die Ohren, dieses laute Musikhören.

Aber Musik haben Sie schon gehört.
Ich habe zwei ältere Geschwister, das war klasse. Mein Bruder stand auf Rock, also Queen und solche Sachen, und meine Schwester eher auf Pop. Und so kannte ich eben nicht nur die Musik meines Jahrgangs, sondern auch ältere Sachen.

Was war Ihre erste eigene Entdeckung?

Das sind eigentlich die Bands, die mein Leben bis heute begleiten: The Cure, The Smiths.

Gehört haben Sie das in Sonsbeck bei Xanten, in der niederrheinischen Provinz also. Wie roch es da, zum Beispiel auf dem Schulweg?
Ich bin ein Buskind, deshalb war da nichts mit Landluft. Aber bis heute in der Nase habe ich den Geruch pubertierender Jungs. Vor allem im Winter, mit beschlagenen Scheiben und so. Ich war anfangs auf einer Mädchenschule, und wenn diese Jungs dann mit im Bus saßen, hat man das extrem gerochen.

»Ich war bei Örpel«

Wie ging man in Xanten aus? Eher Scheunenparty und Matratzenkeller?
Früher gab's da im Prinzip zwei Kneipen. Eine coole, die hieß Örpel, und dann das Fips, da ging eher der Fußballverein hin. Ich war bei Örpel, aber da ich ja nicht direkt in Xanten wohnte, war das Hinkommen manchmal schwierig.

Wie sah es mit Diskotheken aus?
In Geldern gab es eine Riesendisco, wo man immer unbedingt reinwollte, auch wenn man eigentlich noch zu jung war. Ich habe mich mit meinen Freundinnen geschminkt bis dorthinaus, um den Türsteher zu bluffen. Hat aber nie geklappt, bis dann mal eine besonders coole Mutter mitkam. Die hat an der Kasse behauptet, wir würden einen 16. Geburtstag feiern. Vor allen, die in der Schlange standen und das mitbekamen, war das natürlich megapeinlich. Aber immerhin: Das war das erste Mal, dass ich da reinkam.

Heute arbeitet Suzie Kerstgens zuweilen als DJane, wobei ihr Künstlername, die Kölsche Kylie, bereits auf die eher humorige Herangehensweise an die Plattenteller hinweist. Sie könne nie das Ende der Songs abwarten, erklärt sie ihren bedeutendsten DJ-Makel.

Haben Sie da auch Ihre Bandkollegen kennengelernt? So zwischen zwei Bacardi-Cola?
Ich weiß noch, dass ich mal sonntags nicht mit nach Geldern durfte. Stattdessen stand ich sauer auf der Kirmes rum, wo mich ein Nachbar zu seiner Geburtstagsparty einlud. So richtig im Partykeller, Matratzen, Eltern nicht

da, wie man sich das vorstellt. Und das war dann der Abend, an dem ich Tom und Sten *(ihre Bandkollegen bei Klee, B.I.)* kennenlernte. Von daher sind meine Eltern schuld, dass ich jetzt Musikerin bin und nichts Ordentliches gelernt habe.

Die 80er Jahre haben Ihnen gefallen, obwohl heute viel über dieses Jahrzehnt gelästert wird?
Ja, warum eigentlich?

Weil die älteren Jahrgänge behaupten, sie seien politischer und die Musik sei substanzieller gewesen.
Na ja, vieles ist doch rübergelappt in die 80er. Mal abgesehen von so manchem Mist der Neuen Deutschen Welle, das war halt TV-Müll, der populär wurde. Unter der angeblichen Oberflächlichkeit der 80er gab es, vor allem in England, zahllose gute Bands.

Es gab keine deutsche Joy Division.
Nein, das stimmt. Ich finde, dass man sich in Deutschland noch immer schwertut mit Popmusik.

Liegt das an den Musikern oder an der Gesellschaft?
Eher an der Gesellschaft. In England hört man generationsübergreifend, da kann ein 10-Jähriger mit einem 60-Jährigen Robbie-Williams- oder Lily-Allen-Texte singen. Da akzeptiert man Musik eher als Kulturgut, Deutschland ist in der Hinsicht viel sperriger. Und im übrigen auch Rockhöriger, finde ich.

Reden Sie von Pur und den Prinzen?
Nee, das ist ja schon Schlager. Aber Bands wie die Ärzte, BAP oder die Toten Hosen genießen hohe Akzeptanz. Das ist so die Musik, die in Deutschland regiert.

Sie haben über die Neue Deutsche Welle gelästert. Aber die hat Bands wie der Ihren doch letztlich den Weg bereitet, oder?
Der Erste, der deutsch gesungen hat, war Udo Lindenberg! Und bei NDW muss man unterscheiden: So was wie Frl. Menke oder Markus – »Kleine Taschenlampe brenn« und so –, damit macht man es sich natürlich sehr einfach. Da steckt keine Liebe zur Musik drin, das hat alles Gute verwässert. Trio zum Beispiel war ganz große Kunst, Spliff und Fehlfarben auch.

Haben Sie mal ein paar der alten Heroen kennengelernt, Peter Hein etwa, den Fehlfarben-Sänger?

Ja, das war toll. Der hat sich nicht verändert, der ist sich treu geblieben. Wolfgang Niedecken auch, das ist ein echt integrer Mensch. Finde ich bewundernswert, solche Leute, die sich nicht verdrehen lassen und Rückgrat beweisen über all die Jahre.

Sind Sie eigentlich eine echte Suzie mit z und i-e?

Nein, das habe ich geändert. Wollen Sie wissen, wieso?

Klar!

Vor Klee hießen wir ja Ralley, in den 90ern. Das war schwierig, kein Ohr offen für deutschsprachige Popmusik. Nicht zuletzt auch, weil wir das nicht so verkopft à la Hamburger Schule machen wollten, also wie Blumfeld, Die Sterne oder so. Und wenn du dann da stehst, deutsch singst, ein Mädchen bist und auch noch Susi heißt, mit diesen braven runden Buchstaben, dann hast du es wirklich nicht leicht. Jeder denkt da an »Susi, sag mal saure Sahne« und ähnlich Albernes. Irgendwann hatte ich da keinen Bock mehr drauf und habe das runde s durch ein scharfes Zorro-z ersetzt.

Das hat es dann gebracht?

Sie glauben es nicht, aber: Ab diesem Moment wurde ich völlig anders wahrgenommen! Ich wurde plötzlich ernst genommen, einzig und allein wegen einem z.

Ihren Nachnamen behielt sie allerdings bei, obwohl zumindest die Sprachwissenschaftler im Publikum ihren Spaß damit hätten. Kerstgens, so erklärt sie mir, bedeutet nämlich nichts anderes als Christgans.

Sie schreiben die meisten Texte von Klee. Nüchtern oder unter Rotweineinfluss?

(lacht) Unterschiedlich. Aber dass Alkohol beim Texten hilft, ist ein Filmklischee. Über die Jahre habe ich festgestellt, dass es gut ist, ganz konzentriert und sehr nüchtern an diese Texte heranzugehen. Und wenn schon einmal Rotwein-Texte entstanden sind, ist es sehr wichtig, die am nächsten Morgen mit klarem Kopf zu begutachten.

Sie haben Germanistik und Philosophie studiert. Zu Ende?

Nein. Der Kölner Unialltag, das war nichts für mich. Und Lehrer werden, das war auch nicht mein Ding. Meine Referendarzeit habe ich an meinem alten Gymnasium in Xanten gemacht und parallel dazu im Örpel, meiner früheren Stammkneipe, gekellnert. Ich hab dann gemerkt: Das geht einfach nicht, morgens in der Schule vor diesen Jugendlichen stehen und was von Immanuel Kant erzählen und dieselben Kids dann abends fragen, was sie trinken wollen. *(lacht)*

Bestellen Sie in Kölner Kneipen Beck's Gold oder Kölsch?
Kölsch natürlich. Ich habe allerdings gehört, dass Beck's Gold extra für Frauen entwickelt wurde. Weil Männer es angeblich attraktiver finden, wenn Frauen aus durchsichtigen Flaschen trinken.

Sie haben mit BAP gesungen, haben beim Konzert im Stollwerck »Hey Kölle« angestimmt, und Sie treten manchmal barfuß wie die frühen Bläck Fööss auf. Die zwölf Jahre hier haben offenbar Spuren hinterlassen.
»Hey Kölle« habe ich sogar mal bei einem Gig im Osten mit den Leuten gesungen. Da war der Strom ausgefallen, und nichts ging mehr. Aber es hat wunderbar funktioniert, die haben alle ganz schnell mitgemacht.

Von Gigs im deutschen und solchen im ganz fernen »Osten«: Klee kommen mit ihrer Musik weit herum, unter anderem waren sie mehrmals in China. Wie zu allen Tourneen veröffentlichte Suzie Kerstgens auch zu diesen ein anschauliches Tagebuch auf der bandeigenen Homepage: www.kleemusik.de.

 *Januar 2009*

Suzie Kerstgens, Jahrgang 1971, wuchs in Sonsbeck bei Xanten

auf. In Duisburg begann sie ein Studium der Philosophie und Germanistik, brach dieses jedoch in Köln ab, um Sängerin zu werden. Mitte der 1990er Jahre formte sie zusammen mit Sten Servaes und Tom Deininger die Band Ralley. Nach einem Autounfall, bei dem die beiden Männer schwer verletzt wurden, benannte man sich um in Klee. Suzie Kerstgens fungiert als Sängerin und Haupttexterin der Gruppe, die mit Songs wie »Zwei Herzen« inzwischen überregional erfolgreich ist. Sie lebt seit 1996 in Köln.

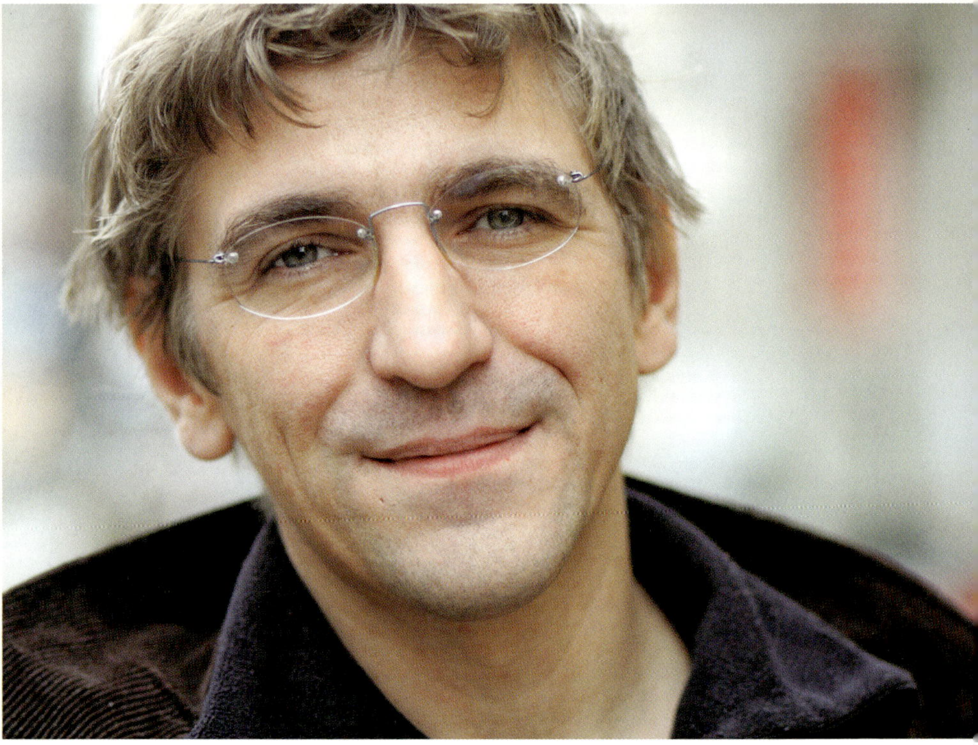
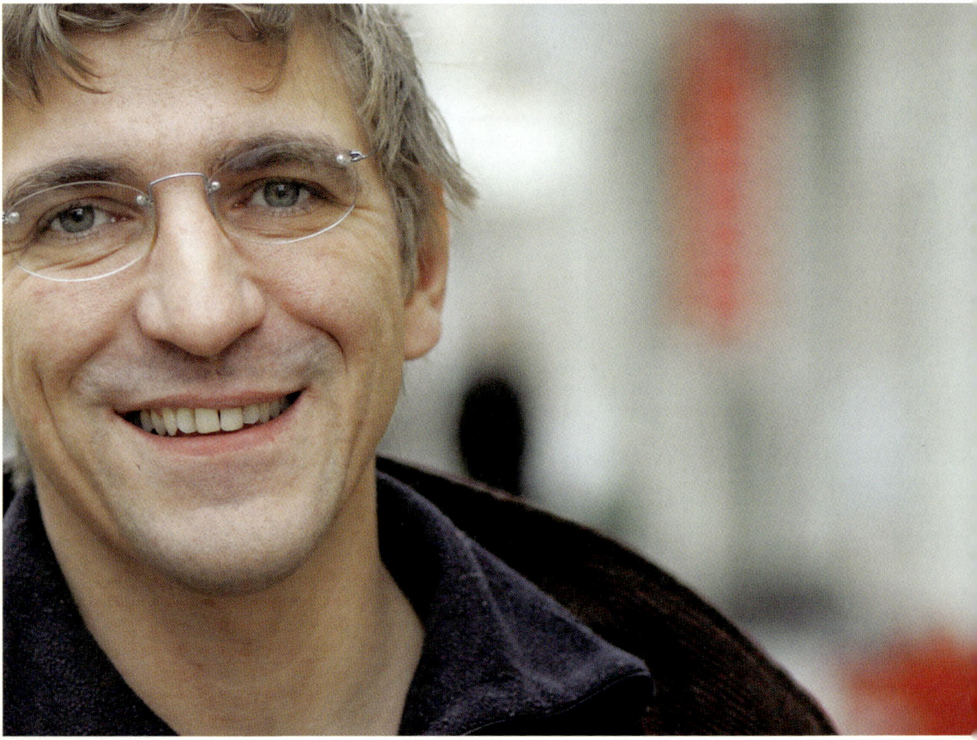

»Den schwarzen Humor muss ich verpackt lassen«

Guido Hammesfahr | Schauspieler

Am Vortag gab er den Nikolaus im Kindergarten eines Freundes, mittags trifft er sich mit zwei neuen »Löwenzahn«-Autoren zur weiteren Profilierung seiner Figur »Fritz Fuchs«. Und zwischendrin sitzt er mit mir in einem Café am heimischen Eigelstein: der umtriebige Wahlkölner Guido Hammesfahr.

Seit 2006 sind Sie Fritz Fuchs, der Tüftler. Aber auch Guido Hammesfahr ist ein Erfinder, stimmt's?
Ja, ich habe mir einen fahrbaren Koffer patentieren lassen, einen Skateboardkoffer sozusagen. Er wird zwar nicht industriell produziert, aber die Idee halte ich nach wie vor für gut.

Sie sind auch Segler, da muss man sich handwerklich wohl auch ein bisschen auskennen.
Das bleibt nicht aus, jeder Segler muss basteln und improvisieren können. Acht Jahre lang hatte ich ein eigenes kleines Holzboot, so um die sechs Meter lang. Mit einfachen Handwerksarbeiten war es irgendwann nicht

mehr getan, aber das Schiff hat jetzt wenigstens als Spielzeug noch eine gute Aufgabe. Es ist in einem integrativen Kindergarten in Sürth vor Anker gegangen.

Kommen Sie aus einem handwerklichen Umfeld?
Nein, eigentlich nicht. Aber mein Vater ist gestorben, als ich sechs war, und so hatten mein älterer Bruder und ich schon früh das Gefühl, meine Mutter unterstützen zu müssen. Dabei ist auch schon mal was zu Bruch gegangen, aber durch Fehler lernt man auch immer etwas.

»Ich war eher der mit dem Kettcar«

Was hieß das im Einzelnen?
Nun ja, wenn die Waschmaschine nicht funktionierte, haben wir sie auseinandergenommen. Danach war sie dann natürlich komplett im Eimer. Genauso lief es mit dem ersten Toaster, aber den zweiten bekamen wir dann schon wieder hin.

Sie stammen aus Dierdorf, einer kleinen Ortschaft im Westerwald. Das klingt sehr ländlich.
Genau genommen komme ich aus Linkenbach – 400 Einwohner inklusive Kühen. Die Landwirtschaft war für mich als kleiner Junge insofern wichtig, als ich mit meinem Nachbarn immer Trecker fahren durfte. Aber ansonsten war die Gegend durchaus auch industriell geprägt. Meine Eltern hatten eine Firma für Metallwarenveredelung, nachdem mein Großvater mit einer Besteckfabrik aus Solingen in den Westerwald gekommen war.

Also doch eher Handwerk.
Meine Mutter war immer der Auffassung, dass man Geld verdienen muss, wenn man in Urlaub fahren will. Und so habe ich immer die ersten drei Wochen der Sommerferien in der Fabrik verbracht. Das war schon in Ordnung.

Auf die Idee, die Firma zu übernehmen, sind Sie aber nie gekommen?
Das wäre eher etwas für meinen Bruder gewesen. Schon bei Kinderspielen war ich eher der mit Kettcar und Anhänger, der die Waren auslieferte. Geschäftlich habe ich wirklich kein großes Interesse.

Kommen Sie noch manchmal zurück nach Dierdorf?

Selten. Aber zuletzt zur Abiturfeier und auch aus sentimentalen Gründen fahre ich schon noch manchmal hin.

Sie vermissen das Dörfliche?
Um ganz ehrlich zu sein: Dass ich immer wieder nach Köln komme …

… sagen Sie jetzt nichts Falsches!
… liegt vor allem daran, dass diese Stadt ein schöner Kompromiss zwischen Großstadt und Provinz ist. Ich habe schon während meiner Mainzer Zeit gelernt, dass man die Leute auf der Straße grüßt. Und in Köln, hier im Eigelstein, ist das genauso. In Berlin hingegen, wo ich ja auch eine Wohnung habe, läuft alles anonymer.

»Löwenzahn« wird in Berlin gedreht, Sie könnten also genauso gut ausschließlich dort leben.
Stimmt, aber zu den genannten Vorteilen Kölns kommt hinzu, dass fast meine ganze Familie, also die echte und meine Freunde, in oder um Köln wohnt.

Köln gilt auch als die »Comedystadt«. Finden Sie, als alter Comedian, dass sich das im Stadtbild widerspiegelt?
Nein, glücklicherweise nicht. Ich finde den rheinischen Frohsinn, die Tatsache, dass die Leute sich nicht so ernst nehmen, im Übrigen sehr entspannend.

> »In Berlin läuft alles anonymer«

Wie unterscheiden sich Alltags- und Comedyhumor?
Die kommerzielle Fernseh-Comedy funktioniert nach ganz klaren Prinzipien. Und das Comedy-Geschäft ist ein wirklich hartes. Über meine Jahre dort habe ich meinen privaten Humor beinahe verloren.

Inwiefern?
Weil alles unter die Lupe genommen wird, ob man pointiert genug ist, ob man hip genug ist oder zu sehr auf der Eighties-Schiene fährt und so weiter. Da wird man irgendwann bekloppt, und den Stress habe ich mit den Leuten auf der Straße nicht, da bin ich sehr dankbar für.

Diese Dankbarkeit nimmt man Hammesfahr durchaus ab. Während des Interviews lässt er nicht nur lachen, sondern lacht auch selbst gerne. Der Comedyentzug scheint ihm gutgetan zu haben.

Parallel zu »Löwenzahn« spielen Sie weiterhin Theater. Das Fernsehen reicht Ihnen nicht?

Theaterspielen erdet mich. Dieser direkte Kontakt zum Publikum, diese gemeinsame Zeit, die man im Theatersaal verbringt, das ist mir ganz wichtig.

Ihnen kommt bei Ihren Rollen Ihr offensichtliches Sprachtalent zugute. Neben dem Westerwäldischen beherrschen Sie auch sehr entfernte Dialekte wie das Hessische oder Norddeutsche.

Hammesfahr beginnt auf Hessisch zu schnebbeln. Es klingt unübersetzbar und beinahe unverständlich, aber auf jeden Fall: täuschend echt.

Meine Großeltern sprachen Solinger Platt, versuchten aber, genau wie meine Eltern, mit uns Kindern Hochdeutsch zu reden. Um uns herum wiederum herrschte der Westerwälder Dialekt. Ich glaube, bei solch einer Dialektvielfalt beginnt man früh, ein ausgeprägtes Sprachgefühl zu entwickeln.

Waren Sie im Theater auch schon auf komische Rollen festgelegt?
Nicht festgelegt, nein. Aber ich habe tatsächlich in sehr vielen Komödien mitgespielt. Als Kind wollte ich auch irgendwann mal Komiker werden, habe mich dann aber glücklicherweise für die Schauspielerei entschieden, denn sie bietet mehr Facetten.

Was waren damals Ihre Vorbilder?
Jerry Lewis war ganz weit vorne. Otto war auch gut, und Didi Hallervorden fand ich absolut spitze.

Wie sind Sie Ensemble-Mitglied bei »Ladykracher« geworden?
Das lief über ein ganz normales Casting. Allerdings hatte ich auch vorher schon Comedyerfahrung gemacht, ich war nämlich in der Nachfolgetruppe von »RTL-Samstag Nacht«.

Da habe ich Sie aber nie gesehen!
Kein Wunder. Es gab seinerzeit einen Chefwechsel, die Sendung wurde ein-

gestellt und ist nie ausgestrahlt worden. Aber das Material war da, Kontakte waren gemacht, die mir den Einstieg bei »Ladykracher« erleichterten.

Die Gags in »Ladykracher« waren zuweilen recht derb. Jetzt stehen Sie hingegen für eine Kindersendung vor der Kamera.
Ja. Den schwarzen Humor muss ich jetzt natürlich verpackt lassen. Aber es kommt schon vor, dass ich so manches mit einem Augenzwinkern kommentiere, und das bekommen die Kinder dann auch mit.

Sind Sie eigentlich ein Teenie-Idol? Oder kann man mit Ihnen noch über die Schildergasse gehen, ohne aufzufallen?
Ja, das geht schon. Wenn ich Jeans statt die rote Fritz-Fuchs-Hose trage und meine Brille auf der Nase habe, dann kann man mit mir unbehelligt spazieren gehen.

Der Starkult à la VIVA macht Ihnen also noch nicht zu schaffen?
Um mich gibt es keinen Starkult. Ich bin bei den Kindern im Wohnzimmer, die kennen mich, deshalb gehen die mit mir auch ganz normal um. Wenn die mich sehen, interessiert die normalerweise als Erstes: Wo ist dein Hund? Ich bin also eher der Typ von nebenan.

Wenn »der Typ von nebenan« nicht gerade vor der Kamera oder dem Tresen seiner Kölner Stammkneipe steht, zieht es ihn auf sein neues Segelboot, das er sich mit einem Freund und Kollegen teilt. Sein Revier ist die Ostsee, der Heimathafen Rostock.

Dezember 2008

Guido Hammesfahr
wurde am 15. Mai 1968 in Dierdorf/Westerwald geboren. Ein geisteswissenschaftliches Studium in Bonn brach er ab, um in Mainz Schauspiel zu studieren. Seit 1993 spielt er Theater, zunächst vor allem am Grenzlandtheater Aachen. Auf kleinere TV-Rollen folgte 2001 der Eintritt ins Ensemble von »Ladykracher«, einem bald erfolgreichen Comedyformat mit der Frontfrau Anke Engelke. 2006 erhielt Hammesfahr den Kurt-Sieder-Preis der Stadt Aachen und übernahm im Oktober desselben Jahres die Rolle des Fritz Fuchs, Nachfolger von Peter Lustig bei der Kindersendung »Löwenzahn«.

»Aber traurig bin ich nicht«

Karl Hülsmann | Kaufmann

Der Mann ist 85 Jahre alt, aber während des Interviews sitzen möchte er nicht. Stattdessen steht Karl Hülsmann hinter der Verkaufstheke seines Geschäftes, wo er soeben auch sein schnelles Mittagessen eingenommen hat. 65-jährige Gewohnheiten lassen sich halt nicht so einfach brechen.

Können Sie sich noch an die Anfänge dieses Geschäftes erinnern?
Meine Eltern haben es 1922 gegründet, damals noch in der Weyerstraße am Barbarossaplatz. Das Haus ist dann aber 1943 zerstört worden. Mein Vater hat den Brand gelöscht und sich dabei eine Rauchvergiftung zugezogen. Eine Woche später ist er daran gestorben.

Waren sie zu der Zeit noch zu Hause?
Nein, ich war in Russland an der Front. Meine Mutter hat den Laden dann an der Luxemburger Straße neu aufgemacht, zunächst ein paar Häuser weiter als heute. Da hatte es bereits einen Haushaltswarenladen gegeben, der Inhaber war im Krieg verschollen. Nach meiner Entlassung aus der Kriegs-

gefangenschaft habe ich das Geschäft mit meiner Mutter weitergeführt, bis sie 1959 gestorben ist.

Das Ladenlokal von Karl Hülsmann liegt nahe der Kreuzung Luxemburger Straße und Gottesweg. Heutzutage tobt hier der Verkehr, Autos, Fahrräder, Fußgänger und nicht zuletzt die Bahnen der KVB kämpfen um jeden Meter. Das nördlich der Luxemburger gelegene Sülz galt laut Hülsmann früher als Arbeiterviertel, das südliche Klettenberg als eines für kleine Angestellte. Inzwischen jedoch ist die Sozialstruktur der beiden Stadtteile kaum noch zu unterscheiden.

»Ich wollte Biologie studieren. Das war mein Lieblingsfach«

Mussten Sie als Schüler schon mitarbeiten?
Nein, nein. Ich habe mich nur dort aufgehalten und meinen Eltern zugesehen. Wir hatten eine große Wohnung in der Beethovenstraße, und weil ich da nicht gern allein war, bin ich nach der Schule immer in den Laden gegangen. Dort habe ich meine Hausaufgaben gemacht, und so gegen 7 Uhr ging es dann mit unserer Hausangestellten zurück in die Wohnung.

Welche schulische Ausbildung haben Sie?
Ich habe 1942 Abitur gemacht und bin dann sofort eingezogen worden und an die Ostfront gekommen. Mein rechtes Auge ist blind, weil ich einen Granatsplitter in den Kopf bekommen habe. Der steckt da auch immer noch, und deshalb wurde ich dann auch früher aus der Gefangenschaft entlassen.

Wussten Sie damals, was Sie mit dem Abitur anfangen wollten? Oder war immer klar, dass Sie einmal das elterliche Geschäft übernehmen werden?
Nein, ich wollte Biologie studieren. Das war mein Lieblingsfach, da hatte ich immer eine Eins drin. Mein Lehrer hat auch gesagt, ich müsse unbedingt studieren, ich sei da geeignet für. Aber nach dem Krieg sagte meine Mutter: »Du musst mir im Laden helfen, ich stehe allein da.« Und dann habe ich das gemacht.

Schlummert das Biologiestudium als unerfüllter Wunsch in Ihnen?

An sich nicht. Man weiß ja auch gar nicht, wie das nach einem Studium gelaufen wäre, ob das überhaupt geklappt hätte. Das kann man im Nachhinein sehr schlecht beurteilen. Außerdem war ich beruflich zu stark eingebunden. Ich musste mich ja in alles einarbeiten, das war nicht leicht.

Seit 65 Jahren haben Sie nun mit Haushaltswaren zu tun. Was hat sich in dieser Zeit verändert?
Vor allem war die Auswahl früher viel kleiner. Es gab zum Beispiel höchstens drei, vier Sorten Porzellan. Und Kochtöpfe waren aus Emaille oder Aluminium.

Haben Sie hier immer selbst dekoriert?

Schon seit Beginn des Gespräches sitzt Werner Merkel, seit 45 Jahren Hülsmanns rechte Hand, unruhig neben uns. Merkel ist ein äußerst resoluter älterer Herr, später wird er genau festlegen, wo die Fotos geschossen werden sollen. Nach der dritten Zigarette muss er nun endlich auch einmal etwas sagen.

Werner Merkel: Ich will ja nicht dazwischenfunken, um Gottes willen. Aber ich habe hier 45 Jahre lang selber dekoriert. Wenn wir Dekorateure hier hatten, ob von Hutschenreuther, Rosenthal oder sonst wem, dann war das immer nichts. Also haben wir alles selbst gemacht. Alles!

Wie haben Sie die sogenannte Wirtschaftswunderzeit erlebt?
Das hat sich in der Porzellan- und Glasbranche nicht so ausgewirkt wie beispielsweise bei den Textilien. Wenn es um Luxus und Freizeit ging, dann kam bei den Leuten immer zuerst die Kleidung und dann der Urlaub.

> »Zuerst kam die Kleidung, dann der Urlaub«

Haben Sie zwischendurch regelmäßig Urlaub gemacht?
Nur sehr selten, leider viel zu selten. Das Geschäft hatte Vorrang. Aber ich war gern an der Nordsee, auf Borkum. Mir hat immer das Meer sehr gefallen.

Sind Sie gebürtiger Klettenberger?

Nein. Geboren bin ich am Salierring. Danach haben wir in der Beethovenstraße gewohnt, und als dieses Haus zerstört wurde, bekamen wir eine Wohnung in der Siebengebirgsallee. Da wohne ich aber erst seit 1945.

Haben Sie eine Beziehung zu diesem Stadtteil?
Klettenberg ist ein netter Vorort. Man hat immer gesagt, Klettenberg ist ein Beamtenviertel. Und in Sülz und Zollstock wohnten die einfachen Leute. Aber das hat sich inzwischen alles geändert, alles vermischt.

Sind Sie hier jenseits Ihres Ladens irgendwo organisiert, in Vereinen zum Beispiel?
Nein. Wissen Sie, ich habe ja eine gewisse Behinderung dadurch, dass mein rechtes Auge blind ist. Da ist man dann in Bezug auf alles immer etwas vorsichtiger, zurückhaltender, risikoärmer.

Demnächst werden Sie viel Freizeit haben. Wie werden Sie sie nutzen?
Ich weiß auch noch nicht, was ich mache, wenn der Laden zu ist. Ich lasse alles auf mich zukommen. Im Krieg habe ich erlebt, wie schnell ein Leben zu Ende gehen kann. Menschen, mit denen man gerade noch gesprochen hat, sind im nächsten Moment tot. Nein, ich mache keine Pläne.

»Eine Zeit geht zu Ende, das ist es«

Aber schließen werden Sie definitiv?
Wir geben das Geschäft jetzt auf, Ende März. Wir sind auch in Verhandlung wegen einer Übernahme, aber das steht alles noch in den Sternen.

Ihre beiden Kinder kamen für die Nachfolge nie in Frage?
Die hatten kein Interesse, nein. Meine Tochter ist Psychoanalytikerin, und mein Sohn hat einen Reifenhandel mit Autowerkstatt.

Gehen Sie mit Melancholie, mit Trauer in den Ruhestand?
Nein, nein. Ach Gott, wie soll ich es sagen? Eine Zeit geht zu Ende, das ist es.

Noch einmal greift Werner Merkel in das Gespräch ein. So zuvorkommend er sich den Kunden gegenüber verhält, so entschieden korrigiert er die letzte Aussage seines Chefs.

Werner Merkel: Na klar geht hier ein Stück von einem selbst verloren, da braucht man gar nicht drum rumzureden. Das tut weh, wir gehen hier schweren Herzens raus, und es steht mir auch zu, das sagen zu dürfen. Es ist nicht einfach, sonst hätte man diesen Laden nicht 87 Jahre lang in Familienhand gehalten. Das war nie Larifari hier, das ist immer mit sehr viel Liebe gemacht worden. Und wenn hier jemand mit 85 Jahren noch immer im Laden steht, 60 Stunden die Woche, dann ist das schon aller Achtung wert.

Solch lange Reden sind nicht seine Art, aber Karl Hülsmann nickt zustimmend. Und dann sagt er noch:

Das stimmt. Aber traurig bin ich nicht.

 *Januar 2009*

Karl Hülsmann

wurde 1923 in Köln geboren. Ein Jahr zuvor hatten seine Eltern in der Weyerstraße ein Geschäft für Porzellan, Glas und Haushaltswaren eröffnet. Nach dem Abitur 1942 wurde Hülsmann an die Front abkommandiert, ein Granatsplitter zerstörte sein rechtes Auge. Ende 1945 kehrte er aus russischer Kriegsgefangenschaft zurück und übernahm das elterliche Geschäft. Und dort, an der Luxemburger Straße 279, stand er dann für die nächsten 65 Jahre hinter der Verkaufstheke.

»Die Plätzchen müssen stimmen«

Hans Gimborn | Kölscher Elvis

In seinem Schlafzimmer, so hatte Hans Gimborn angekündigt, seien Tapeten überflüssig. Und tatsächlich: Zwischen all die Elvis-Fotos, -Poster und -Gemälde passt nicht einmal eine Briefmarke. Auch die restliche Wohnung gleicht einem Museum für den »King«.

Auf Straßenfesten treten Sie zwischen Karnevals- und Schlagersängern auf. Passen Sie da rein?
Nichts gegen unseren Karneval, aber die Leute sind oft froh, wenn sie mal was anderes hören. Wenn ich auf die Bühne gehe, ist das mein Publikum. Und wenn die Leute gepusht werden müssen, dann gibt's eben keine Balladen, sondern nur Rock 'n' Roll.

Man muss schon ein paar Tricks draufhaben, um solch ein Publikum zu fangen.
Manchmal erzähle ich, das nächste Lied sei von Pavarotti. Dann gucken erst mal alle fragend. »Ja, ja«, sage ich, »ich kann zwar nicht so gut singen

wie der, aber mindestens so gut Spaghetti essen.« Und dann singe ich natürlich »It's now or never«, also »O sole mio«.

Und zwischen den Songs reden Sie grundsätzlich Kölsch?
Als ich das erste Mal auf der Bühne Kölsch geredet habe, haben die Leute gelacht ohne Ende: Elvis spricht Kölsch, der kölsche Elvis, so kam auch der Name zustande.

»Die Weiber sind verrückt geworden«

Richtiges Hochdeutsch können Sie gar nicht, oder?
Doch, kann ich schon. *(lacht)* Ich könnte die Show auch auf Englisch moderieren, wenn's nötig ist. Wenn ich in Memphis bei meinem Freund Joe Kent mitmache, dann läuft das natürlich auf Englisch.

Sind Sie ein echter Elvis-Pilger?
An Elvis' Grab in Memphis war ich zum ersten Mal 1998. Dieser Moment hat mein Leben verändert. Alles, was in Gedanken immer so weit weg schien, war auf einmal real.

Wie ernst ist es Ihnen mit Johnny Rivers, dem Elvis-Imitator?
Wer so etwas richtig machen will, muss es von Herzen tun! Ich kann es natürlich nicht ab, wenn jemand schlecht über Elvis redet, obwohl ich den Sinn für die Realität nicht verliere. Wenn jemand gern Heino hört, dann ist das in Ordnung. Aber für mich ist Elvis der Größte aller Zeiten.

Warum ist Elvis »der King«?
Weil er eine Ausstrahlung, ein Charisma hatte, das vor ihm und nach ihm unerreicht ist. Ich habe mit vielen Menschen gesprochen, die ihn live erlebt haben. Die waren überwältigt, sobald Elvis die Bühne betrat. Elvis hat mit seiner Stimme die Seelen der Menschen berührt. Die Männer haben geweint, und die Weiber sind verrückt geworden. Das kommt sogar auf den DVDs noch rüber.

»Imitation ist die größte Form der Bewunderung«, sagen Sie. Wie meinen Sie das?
Der Grat zwischen einer guten Performance und der Gefahr, sich lächerlich zu machen, ist sehr schmal. Ich bin nicht der große Sänger, das weiß ich

schon selber. Aber wenn man mit seiner Stimme glaubwürdig rüberkommt, dann honorieren die Leute das auch. Ich bin zufrieden, wenn die danach auf mich zukommen und sagen: »Jung, dat häste jot jemaat«.

Kölscher Elvis ja, aber Elvis auf Kölsch nein?
Das kommt nicht in Frage, nein. Dafür ist meine Liebe zu Elvis und zu den Songs einfach zu groß. Nur für den Kommerz so etwas zu tun, das wäre für mich wie ein Verrat. Elvis ist doch keine Karnevalsnummer!

Sie wollen nicht nur Elvis-Lieder singen, sondern Ihren Zuhörern auch das Faszinosum »Elvis« näherbringen?
Genau. Ich sage immer: Ich bin kein Elvis-Imitator, sondern ein Elvis-Interpret. Und ich erzähle den Zuschauern zwischen den Titeln immer etwas aus seinem Leben.

Das tut Hans Gimborn allerdings! Auch in diesem Interview erweist er sich als lebende Elvis-Datenbank. Er berichtet von Elvis' Oma und nennt alle Straßen, in denen der King während seiner deutschen Militärzeit gelebt hat, inklusive Hausnummern.

> »Ich bin nicht der große Sänger«

Hat Ihnen Ihre Zeit als Profiboxer geholfen, sich auf Ihre zweite Karriere als Sänger vorzubereiten?
Kann man so sagen. Mit dem Boxen habe ich 1978 angefangen. Da gab es ordentlich was auf die Schnauze, und ich habe zig Knochenbrüche hinter mir. Von der nervlichen Belastung her war das etwas ganz anderes.

Sie haben unter anderem gegen Ralf Rocchigiani geboxt, den späteren Weltmeister.
Ja …

… und sind in der ersten Runde k. o. gegangen.
Das war mehr oder weniger abgesprochen. Der Ralf war damals jung und sollte aufgebaut werden. Da kam der Trainer vom Ralf und meinte, na ja, du weißt ja, bei dem Jungen hängt da viel von ab und so weiter … Ich sagte: Macht euch keine Sorgen, ich lasse ihn stehen.

Und dann?

Die haben mich sowieso verarscht an dem Abend, erst drei Tage vorher angerufen, und dann wollten sie mir auch kaum was bezahlen. Die Plätzchen müssen stimmen, sage ich immer. Wir hatten an dem Tag eine Familienfeier, deshalb habe ich gesagt, gebt mir den ersten oder zweiten Kampf. Und dann kam ich erst um halb 12 dran, da war ich natürlich stinkesauer. Und deswegen halt in der ersten Runde auf die Bretter. War sowieso alles fürs gleiche Geld.

Hätten Sie eine Chance gehabt?

Der Ralf hätte mir eigentlich ganz gut gelegen damals. Weltmeister wurde der erst viel später, da hatte der seine Taktik und Technik schon stark umgestellt.

Sie haben von 21 Profikämpfen zwölf durch K. o. verloren. Eine harte Schule, oder?

Da war nur eine einzige richtige K. o.-Niederlage dabei! In Amsterdam, gegen John Emmen, den Benelux-Meister. Dat wor ene Killer!

»Dat wor ene Killer!«

Hätte aus Ihnen ein erfolgreicher Boxer werden können?

Die Leute, mit denen ich mich anfangs beim Boxen umgeben habe, das waren alles anständige Kerle, aber Loser. Da war keiner bei, der richtig Gas gegeben hat, so à la »Ich fresse vorher nur rohes Fleisch«. Das änderte sich erst, als der Horst Brinkmeier mein Trainer wurde, der vermittelte mir eine richtige Siegermentalität. Und dann habe ich auch häufiger gewonnen.

1991 hängten Sie die Boxhandschuhe an den Nagel, seit 1998 sind Sie Johnny Rivers. Können Sie von Ihren Elvis-Auftritten leben?

Ach was. Schon wegen der vielen Benefizkonzerte nicht. Die Veranstalter wissen ja, wenn sie mich anrufen, dann komme ich auch.

Warum lassen Sie sich nicht von einer Agentur vertreten?

Das haben wir auch mal versucht. Aber dann schicken die einen irgendwo in die Walachei, in irgendeine Dorfdisco, und dann ist das da auch wieder nur eine Klamauknummer. Da habe ich gesagt, nä, nur wegen der Kohle mache ich das auf keinen Fall.

Äußerlich verkörpern Sie eher den späten Elvis. Wie haben Sie sich seine Bewegungen, Gesten etc. angeeignet? Übt man das vorm Spiegel?

Das bekommt man automatisch mit, wenn man die alten Aufnahmen sieht. Vor allem die aus dem International Hotel in Las Vegas. Elvis war damals achteinhalb Jahre nicht mehr aufgetreten, und die Leute hatten Bedenken, ihm einen Vertrag zu geben. Aber dann hat der da sechs Jahre lang alles abgeräumt. Da ist bis zur letzten Vorstellung im Sommer 1976 nicht ein einziger Platz frei geblieben!

Direkt über dem Sofa hängt ein weiteres Gemälde des Kings, das Gimborn einst von einem befreundeten Maler bekommen hat. Der Ausdruck »kitschig« will nicht richtig dazu passen, eher handelt es sich um pure Heldenverehrung. »Das war das schönste Geburtstagsgeschenk meines Lebens«, sagt der Kölsche Elvis zum Abschied.

 *Oktober 2008*

Hans Gimborn
wurde 1957 in Köln geboren. Die erste Elvis-LP kaufte er sich im Alter von elf Jahren. Nach einer Schreinerlehre wurde Gimborn Profiboxer und bestritt insgesamt 21 Kämpfe. Seine zweite Karriere begann 1998 als Geburtstagsspaß: Er inszenierte eine Elvis-Show, zunächst noch mit Voll-Playback. Aber die Leute waren begeistert, und so wurde aus Hans Gimborn Johnny Rivers, der »Kölsche Elvis« (s. auch www.johnnyrivers.de). Es folgten zahllose Auftritte bei Oldie- und Straßenfesten. Seine originalgetreuen Kostüme schneidert er, unter Mithilfe seiner Frau Marita, höchstpersönlich.

-koeln.de

»Karl May ist Hardcore-Fantasy«

Ines Dettmann | Leiterin des Jungen Literaturhauses Köln

Ines Dettmann hat einen kräftigen Händedruck, eine feste Stimme und trinkt ihren Kaffee schwarz. Energisch und selbstbewusst wirken auch ihre stets sehr markanten Brillengestelle. »Sollen wir direkt anfangen?«, frage ich nach kurzer Begrüßung. »Auf jeden Fall«, antwortet sie.

Das Junge Literaturhaus existiert nun seit einem Jahr. Wie sieht Ihr Resümee aus?
Es ist auf jeden Fall eine Einrichtung, die Köln gefehlt hat. Sehr viele Jugendliche, die vorher keinen Kontakt zur Literatur hatten, können durch Lesungen und sonstige Projekte fürs Lesen begeistert werden. Und die, die begeistert sind, kommen voll auf ihre Kosten.

Das klingt nach erfolgreicher Planung. Welche Erwartungen haben sich gar nicht erfüllt?
Am Anfang gab es die typischen Startschwierigkeiten mit schlecht besuchten Lesungen. Wir hatten einfach noch nicht die Verteilerwege gefunden,

um die Jugendlichen anzusprechen. Aber wir versuchen daraus zu lernen und die ein oder andere Veranstaltung besser zu timen.

Unter anderem deshalb machen Sie auch Veranstaltungen jenseits ihrer eigenen Räume?
Ja, genau. Besonders erfolgreich ist »MeinBlock«, ein literarisch-journalistisches Projekt, in dessen Mittelpunkt die Erstellung eines Kultur-Online-Magazins steht, das Jugendliche unter Anleitung von Profis erstellen. Als Literaturhaus interessieren uns natürlich vor allem die literarischen Aspekte, also die frei verfassten Texte der Mitwirkenden. Aber es wird auch journalistisch und berufsbildend gearbeitet, indem wir zum Beispiel in Verlage gehen. Es ist etwas anderes, ob der Lehrer einem erklärt, was ein Lektor ist, oder ob man mal mit einem echten Lektor spricht.

»Die sind total heiß aufs Schreiben«

Und wie entstehen die Prosa- oder Lyriktexte?
Im Grunde wie in einer Schreibwerkstatt. Die Texte werden redigiert und im Rahmen von gemeinsamen Runden mit allen MeinBlock-Mitgliedern diskutiert. So lernen die Jugendlichen auch, mit Kritik umzugehen, an ihren Texten zu feilen und sich sprachlich zu verbessern.

Die Bereitschaft ist groß?
Die Jugendlichen sind total heiß aufs Schreiben. Es macht ihnen nichts aus, vier Stunden in einem muffigen Zimmer zu sitzen und immer weiterzuschreiben.

»MeinBlock« richtet sich an Jugendliche zwischen 12 und 20 Jahren. Mitmachen kann jeder, einzige Bedingung ist die Mitgliedschaft beim Jungen Literaturhaus. Der geringe Beitrag beinhaltet unter anderem kostenlose Besuche bei allen Veranstaltungen des Jungen Literaturhauses.

Sie gehen auch in Schulen.
Ja, dort veranstalten wir Lesungen und Workshops. Da gibt es inzwischen feste Kooperationen, aber es können natürlich gerne noch viel mehr Schulen werden. Schreiben ist eben etwas sehr Abstraktes, das ist schwieriger zu vermitteln als etwa ein Handwerksberuf.

Brauchen deutsche Kinder heutzutage solche Institutionen, um ans Lesen herangeführt zu werden?

Wer jenseits der Schule zu uns kommt, der hat natürlich auch vorher schon gelesen. Problematisch ist die immer größer werdende Kluft: Es gibt Jugendliche, die lesen fünf Bücher pro Woche, und andere, die mit 18 noch nie einen Roman in der Hand hatten.

Die soziale Schere ist auch eine Bildungsschere?

Ja, auf jeden Fall! Für die bildungsferneren Jugendlichen muss man zusätzliche Leseanreize schaffen. Also ihnen klarmachen, dass Bücher eine Alternative zur herkömmlichen Freizeitgestaltung sein können, auch wenn Lesen zunächst einmal anstrengender ist. Da eignen sich zum Beispiel Hörbücher als Einstieg, aber das ist dann auch für viele wieder eine Kostenfrage.

Sind Bücher noch beliebte Geburtstagsgeschenke?

In manchen Kreisen durchaus. Aber oft gehen die Buchgeschenke der Eltern auch stark am Interesse ihrer Kinder vorbei. Eine 14-Jährige liest vielleicht lieber Beziehungsschnulzen à la »Küsse, Chaos, Katastrophen« als einen historischen Jugendroman von Kirsten Boie.

Wie unterscheidet sich das Leseverhalten von Jungen und Mädchen?

Vor allem bei den Themen. Es gibt viele Jungs, die lesen ausschließlich Fantasy. Nach außen hin interessieren die sich nur für Abenteuer, Action und Gewalt, wobei wir feststellen, dass das nicht immer mit ihren wirklichen Interessen übereinstimmt. Die lesen durchaus auch Liebesgeschichten, aber wollen das eben lieber unter der Decke halten. Mädchen sind meistens offener, was die Themen angeht.

> **»Die lesen durchaus auch Liebesgeschichten«**

Haben Sie selbst als Jugendliche auch Fantasy gelesen?

Ich habe eigentlich alles gelesen, Fantasy war vor 15 Jahren noch längst nicht so groß. In der Pfarrbücherei bei uns im Dorf kostete die Buchausleihe zehn Pfennig für vier Wochen. Da war ich jeden Sonntag und habe mir fünf oder zehn Bücher mitgenommen. Und mit 15 habe ich mir gewünscht, Astrid Lindgren oder Erich Kästner zu treffen.

Schon als Jugendliche hat Ines Dettmann mit Kindern gearbeitet, in der heimischen Kirchengemeinde und als Betreuerin von Jugendfreizeiten. Ihre Magisterarbeit drehte sich dann allerdings um ein ganz anderes Thema: das Verhältnis von Arthur Schnitzlers »Traumnovelle« zu ihrer Verfilmung durch Stanley Kubrick (»Eyes Wide Shut«).

»Viele dieser Bücher bedienen überholte Rollen-klischees«

Wie könnte man die Entwicklung der Jugendliteratur in den letzten Dekaden skizzieren?

Fantasy ist jedenfalls ein unglaublich großer Markt. Aber insgesamt hat sich der Jugendbuchmarkt sehr positiv verändert. Die Themenvielfalt ist größer geworden, und auch die Herangehensweise der Autoren. Vor 15 Jahren dominierte doch noch stark der erhobene Zeigefinger, alles wurde durchproblematisiert. Heute spielen sich die Autoren nicht mehr als Moralapostel auf und sind deshalb auch näher an der Erfahrungswelt von Jugendlichen.

Was lässt sich unter literaturpädagogischen Aspekten an Fantasyliteratur kritisieren?

Vor allem bedienen viele dieser Bücher überholte Rollenklischees. Frauen sind fast immer darauf beschränkt, dem starken Mann, dem Helden, den Rücken freizuhalten. Ich selbst bin kein wirklicher Fantasy-Fan, ich finde letztlich, dass dort vor unterschiedlichen Hintergründen immer das Gleiche abläuft und sowohl die Handlungen als auch die Personen sehr austauschbar sind.

Liest eigentlich noch jemand Karl May?

Also, ich habe gar keinen zu Ende gelesen. Den »Schatz im Silbersee« habe ich zweimal angefangen, aber …

Karl May ist auch »Fantasy«.

(lacht) Auf jeden Fall, das ist Hardcore-Fantasy! Ich glaube, dass Karl May immer noch viel verschenkt wird, weil die Elterngeneration damit aufgewachsen ist. Aber ob das dann wirklich jemand liest, ist eine andere Frage.

Das Junge Literaturhaus in Köln ist bislang NRW-weit das einzige. Werden Sie finanziell ausreichend unterstützt?
Wir werden unter anderem unterstützt von der RheinEnergieStiftung Kultur, dem Land NRW und natürlich der Stadt Köln. Zur Zeit arbeiten wir sehr projektbezogen, das heißt, wir müssen für jeden Workshop, für jede Reihe nach Förderung suchen. Toll ist, dass es seit letztem Jahr eine Stiftung Junges Literaturhaus gibt. Viele sagen: Eure Arbeit ist schön, die ist wichtig. Aber das könnte auch strukturell und finanziell durchaus noch stärker gewürdigt werden.

August 2008

Ines Dettmann,

geboren 1979, wuchs im Dorf Nieukerk am Niederrhein auf. In Bamberg studierte sie Germanistik und Kunstgeschichte und jobbte nebenbei beim Kinderkanal. Seit August 2007 leitet sie das »Junge Literaturhaus«, das sich unter dem Dach des Kölner Literaturhauses der Lese- und Schreibförderung von Jugendlichen zwischen 12 und 20 Jahren widmet. Unter www.junges-literaturhaus.de findet sich auch das interessante Online-Projekt »Mein-Block«.

»Helmut, mach et!«

Helmut Vollbach | Ehrenamtler

Der Mann nähert sich dem Caféhaustisch nahe seiner Sülzer Wohnung behut-
sam, geradezu vorsichtig. »Sie fragen mir doch hoffentlich keine Löcher in den
Bauch?«, hat er am Telefon wissen wollen. »Solch ein Interview ist sicherlich
auch hilfreich für Ihren Verein«, wurde ihm geantwortet. »Na ja, gut«, sagte
Helmut Vollbach mit jener Nachgiebigkeit, die ihm während der letzten
30 Jahre so manches Ehrenamt bescherte.

Sie haben 16 Jahre beim Kölner Ordnungsamt gearbeitet – ein spannender
Job?
Ein vielseitiger jedenfalls. Wenn man wie ich für Gewerbe- und Personal-
wesen zuständig ist, hat man auch viel mit den Querämtern zu tun, sprich:
mit der Kämmerei oder dem Rechnungsprüfungsamt. Und sehr bald wurde
ich dann ja zusätzlich zum Beamtenvertreter im Personalrat gewählt. Obwohl ich das eigentlich gar nicht wollte!

Sie hatten also schon immer eine Affinität zum Ehrenamt?

Ach, wissen Sie, ich konnte einfach schlecht Nein sagen. So geht es mir heute noch. Da ruft einer »Helmut, mach et!«, und dann mache ich das eben.

Wie kamen Sie zum Tischtennis?
Das war 1951, die Kneipe Dötsch an der Ecke Gottesweg und Königswinterstraße. Im Sälchen dort stand eine einzige Platte, auf mehr als 10, 15 Minuten Spielen kam man da als junger Spund nicht.

»Ich konnte einfach schlecht Nein sagen«

Und die Wartezeit überbrückte man an der Theke?
Um die Platte herum standen Tische, wo die Erwachsenen rauchten und ihr Bier tranken. Und wer sich eine Frikadelle leisten konnte, der durfte auch früher in den Saal, das brachte ja Geld in die Kneipenkasse. Aber zu diesen Privilegierten gehörte ich leider nicht.

Aus welchem Milieu kamen die Tischtennisspieler damals?
Es gab dort zum Beispiel einen Blumengroßhändler, den Besitzer eines Modegeschäfts oder den Adi Osterspey, der das gleichnamige Café an der Luxemburger führte. Das gibt es heute noch. Der Osterspey war ein Vetter von Franz Kremer, dem FC-Präsidenten. Und über diese Verwandtschaft lief dann auch die Gründung der Tischtennisabteilung.

Der Mann hat ein Gedächtnis wie ein Elefant. Zwischendurch zählt er mir die Mannschaftsaufstellung von Fortuna Köln aus den 1950er Jahren auf. Und dass der Verein damals noch an der Schönhauser Straße kickte, weiß er natürlich auch.

Wie hat man sich so ein Nachkriegsmatch vorzustellen?
Die ersten Meisterschaftsspiele, das war schon manchmal abenteuerlich. Da fuhr man etwa nach Rondorf in irgendeine Kneipe, und dann wurde erst mal der Kachelofen angeheizt. Aber bis zur Platte drang die Wärme nie.

Und wie ging es dort zur Sache?
Als 1. FC Köln hatte man schon einiges auszuhalten. Ich erinnere mich an

Spiele in Elsdorf, da stand immer das komplette Dorf neben der Platte. Und dass dort absichtlich falsch gezählt wurde, war auch bekannt.

Was sind die entscheidenden Veränderungen des TT-Sports in den letzten 50 Jahren?
Die liegen vor allem im Materialbereich. Die Hölzer und Beläge sind viel schneller geworden. Um die Ballwechsel wieder länger und attraktiver zu machen, wurden vor einigen Jahren die Bälle vergrößert, und zuletzt hat man auch das Frischkleben der Beläge verboten, das die Geschwindigkeit noch zusätzlich gesteigert hat. Ich behaupte aber trotzdem, dass es auch vor 30, 40 Jahren schon sehr gute Spieler gab, die heute in den oberen Klassen mithalten könnten.

Wie wurden Sie schließlich Abteilungsleiter?
1980 wurde der Tischtennis-Abteilungsleiter offiziell seines Postens enthoben, es gab da vor allem große menschliche Schwierigkeiten mit den anderen Senioren. Dieser Mann hat dann alle Unterlagen, Formulare, Spielerpässe und auch sämtliche Jugendlichen mit zu einem anderen Club genommen. Danach waren wir beim FC noch neun Erwachsene, der Verein war völlig am Boden. Und in dem Moment hieß es dann eben wieder: »Helmut, mach et!«

> »Als 1. FC Köln hatte man einiges auszuhalten«

War Ihnen damals klar, dass dieses Ehrenamt im Grunde ein Job fürs Leben ist?
Nä! Ich hatte überhaupt keine Vorstellungen. Was ich jedoch ganz schnell begriff, war die Tatsache, dass man in einem solchen Amt eine völlig andere Einstellung zu seinem Sport bekommt. Als Spieler musste man sich um nichts kümmern, und jetzt war ich praktisch für alles verantwortlich – vom Etat bis hin zu den Netzen und Bällen für die Meisterschaftsspiele.

Vollbach, das bestätigen Vereinsmitglieder, kümmert sich bis heute um – fast – alles. Auf der letzten Jahreshauptversammlung galt es jedoch, ein Novum zu verzeichnen: Die Verantwortung für die Bälle liegt nun in der Hand eines anderen Vorstandsmitgliedes!

Hinter Ihnen liegt das erfolgreichste Jahr der Vereinsgeschichte. Gleich fünf Mannschaften sind aufgestiegen, die 1. tritt demnächst in der Regionalliga an, und der FC ist nun der höchste Tischtennisverein von ganz Köln. Sind Sie stolz?

Man kann gar nicht anders, als darauf stolz zu sein. Zumal wir das alles aus eigener Kraft geschafft haben. Die jungen Spieler der 1. und 2. Mannschaft

kommen fast ausnahmslos aus unserem eigenen Nachwuchs. Und Geld haben wir, im Gegensatz zu vielen anderen Clubs, bislang auch nicht bezahlt.

Für die Spitzenmannschaft wurden nun allerdings auch neue Spieler verpflichtet. Was kostet so ein Regionalligateam denn heutzutage?

Mit 20.000 Euro im Jahr muss man im Durchschnitt schon kalkulieren. Und wo große Mäzene dahinterstecken, die den nächsten Aufstieg anpeilen, werden auch 50.000 und mehr investiert. Leider gibt es heutzutage viele Spieler, die nicht mehr vorrangig die Spielklasse reizt, die sie erreichen können. Die gehen halt dahin, wo sie das meiste Geld bekommen.

Ihr Verein unterhält neben neun Herren- mehrere Jungenmannschaften. Warum gibt es bei Ihnen eigentlich keine Frauen?

Das Frauentischtennis ist in den letzten Jahren stark geschrumpft, es gibt nur wenige Vereine wie Sürth oder Brauweiler, die hier wirklich noch Nachwuchs haben. Mit 12, 13 Jahren erreichen Jugendliche eben ein kritisches Alter, und es waren in der Vergangenheit vor allem die Mädchen, die dann mit dem Sport aufhörten und sich anderen Interessen zuwandten.

Ist Tischtennis das Gleiche wie Pingpong?

Ganz bestimmt nicht! Pingpong spielt man im Garten oder auf dem Küchentisch. Wer im Tischtennis richtig gut werden will, muss das als Leistungssport betreiben. Der muss ehrgeizig sein und täglich trainieren.

Trotzdem wird Tischtennis bis heute noch häufig belächelt, so ähnlich wie Minigolf.

Tja, Tischtennis ist nun leider auch kein echter Zuschauersport. Das Spiel ist zu schnell, dem normalen Zuschauer entgehen die ganzen technischen Feinheiten, etwa bei den diversen Aufschlagvarianten. Für den Laien sieht es so aus: Da ist dieser kleine Ball, der wird irgendwie eingeworfen, und dann rumst der andere da drauf. Und das war's dann. Wir haben bei Heimspielen durchaus unsere 40, 50 Zuschauer. Aber ich glaube, Tischtennis bleibt auch in Zukunft vor allem ein Sport für die Aktiven selbst.

Am Ende, wir stehen schon, erzählt Vollbach noch länger von den Perspektiven des Vereins. Seit 1980 sei es fast jedes Jahr ein Stückchen bergauf gegangen, aber fürs Erste bescheide man sich nun mit dem Ziel, nicht aus der Regionalliga abzusteigen. Ob das auch für das nächste Jahr gelten wird, bleibt abzuwarten.

 *Juni 2008*

Nachtrag: Für seine Verdienste um den Sport erhielt Helmut Vollbach 2009 die Ehrenplakette des Westdeutschen Tischtennis-Verbandes. Die 1. Herrenmannschaft des FC hat sich unterdessen in der Regionalliga etabliert. Außerdem ist der Verein noch einmal gewachsen. Die mittlerweile zehn Seniorenteams werden von ebenfalls zehn Jugend- und Schülermannschaften ergänzt. Wer sich für die Geschicke des Vereins interessiert, besuche seine Homepage unter www.fc-koeln-tischtennis.de.

Helmut Vollbach,

geboren 1938, arbeitete bis zu seiner Pensionierung bei der Kölner Stadtverwaltung, die meiste Zeit beim Ordnungsamt. Einige Jahre fungierte er auch als stellvertretender Leiter des Bezirksamtes Lindenthal. Im Gründungsjahr 1951 trat er der Tischtennis-Abteilung des 1. FC Köln bei. 1980 wurde er zum Vorsitzenden gewählt und erfüllt dieses Ehrenamt bis heute. Der Aufstieg des Clubs zum bedeutendsten von ganz Köln geht vor allem auf sein Konto. Jahrzehntelang engagierte sich Vollbach zudem unentgeltlich in verschiedenen Tischtennis-Gremien des Kreises Köln. Seinen durchschnittlichen Zeitaufwand für den Sport taxiert er auf rund 20 Wochenstunden.

»Auch Bilder bekommen Falten«

Iris Schaefer | Restauratorin

Der Schreibtisch im dritten Stock des Wallraf-Richartz-Museums quillt über vor Katalogen, Foldern und technischen Zeichnungen. Iris Schaefer erledigt noch diversen Papierkram und schafft Platz. Neben dem Fenster der gebürtigen Essenerin hängt eine Aufnahme des Kölner Dreigestirns.

Sie sind Restauratorin und Kunsttechnologin. Wie wirkt das zusammen?
Die Kunsttechnologie untersucht Malmaterialien und -techniken. Damit schafft sie die Basis für die Arbeit des Restaurators.

Im Ludwig-Museum hatten Sie auch mit moderner Kunst zu tun. Was ist, unter restauratorischen Gesichtspunkten, der Unterschied zu Ihrer Arbeit am Wallraf-Richartz-Museum?
Hier im WRM haben wir ja nur »Flachware«, wie wir das nennen. Also fast ausschließlich Gemälde und Grafik. Wenn es hingegen in die dritte Dimension geht – denken Sie an Plastiken von Picasso oder Videoinstallationen von Nam June Paik –, dann ist ein anderes Spezialistentum gefragt.

Was muss man für den Beruf mitbringen?

Ich muss mich zum Beispiel für Naturwissenschaften, für Chemie und Physik interessieren. Ich muss Spaß an der Sprache haben, denn die schriftliche Dokumentation gehört zwingend mit zum Beruf. Und ich muss auch kreativ sein, Forschergeist haben: Es gibt nicht für jedes Problem eine vorgegebene Lösung, sondern im Gegenteil muss jedes Werk immer ganz individuell angegangen werden.

> **»Es gibt nicht für jedes Problem eine vorgegebene Lösung«**

Sind Restauratoren Menschen, die in jahrelanger Feinarbeit kleinste Schmutzpartikel von alten Schinken entfernen?

Jahrelang, das ist übertrieben. Aber natürlich gibt es auch eher unspektakuläre Aufgaben. Gemäldeoberflächen können eben nicht von unseren Reinigungskräften abgestaubt werden, das müssen wir selbst machen.

Die Berufsbezeichnung »Restaurator« ist nicht geschützt, jeder könnte sich so nennen. Immer wieder kommt es deshalb zu Verschlimmbesserungen willkürlich arbeitender Dilettanten. Für den Auftraggeber entsteht dadurch unter Umständen ein enormer Schaden, ganz zu schweigen von der Verunstaltung des Kunstwerks.

Welche Rolle spielt bei Ihrer Arbeit das positiv besetzte Wort »Patina«? Sie entfernen die doch.

Nein, nein. Der Restaurator ist heutzutage nicht zuletzt ein Moderator. Er muss seine eigenen Erkenntnisse mit Kunsthistorikern und Naturwissenschaftlern diskutieren. Wir achten sehr genau darauf, die natürlich gewachsenen Alterserscheinungen nicht zu zerstören. Schließlich gibt es kein Werk, von dem man mit Bestimmtheit sagen könnte, wie es vor 400 Jahren genau aussah.

Das Erste, was man nach einer Restaurierung wahrnimmt: Das Bild ist heller, farbiger geworden.

Ja, und in den Zeitungen lesen Sie dann immer die Floskel: Es »erstrahlt in neuem Glanz«. Aber die Frage ist: in welchem? Es gibt die natürliche Alterung, den Zahn der Zeit. Der wirkt auf Sie und mich ein, wir bekommen

Falten. Und das Gleiche gilt für Kunstwerke, deshalb müssen wir stets prüfen: Was darf ich entfernen, was sollte ich belassen?

Sie plädieren für vorsichtige Restaurierung?
Eigentlich ist es mein Auftrag, den Ist-Zustand für die Zukunft zu bewahren. Nehmen Sie einen van Gogh, der seinen Anteil roter Farbe verloren hat. Dann reicht es, das zu erklären. Etwas anderes ist es allerdings, wenn ein Kunstwerk durch Schäden seine Lesbarkeit verloren hat.

Nehmen wir an, ein 500 Jahre altes Bild eines großen Meisters ist nach neuesten Erkenntnissen vor 400 Jahren verändert worden, uns aber nur in dieser letzten Form bekannt. Welchen Zustand stellen Sie wieder her?
Ich finde, wenn ein Bild historischen Bestand hat und sich seit langer Zeit in diesem Zustand befindet, dann muss man das bei der Restaurierung berücksichtigen. Ich würde also die 400-jährige Version favorisieren.

Moderne Informationsträger wie etwa CDs haben eine begrenzte Haltbarkeitszeit. Wie lange hält ein Gemälde?
Das kommt auf das verwendete Material an. Leinwand ist empfindlich, wird brüchig, zerfasert, zerfällt. Es gibt nur wenige Leinwandbilder, die älter als 200 Jahre und nicht von einer zweiten Leinwand hinterklebt sind. Durch alternative Behandlungsmethoden versuchen wir heute, diese sogenannte Doublierung so lange wie möglich aufzuschieben.

> **»Wir bekommen Falten. Und das Gleiche gilt für Kunstwerke«**

Letztlich arbeiten Sie also gegen den Tod des Kunstwerks an.
In letzter Konsequenz: Ja! Alles Organische unterliegt Verfallsprozessen, und manchmal waren sie vom Künstler sogar gewollt. Munch beispielsweise hat absichtlich Bilder draußen gelagert und nahm dabei auch mögliche Verschmutzungen durch Vogelkot in Kauf.

Sie haben kürzlich den gefälschten Monet entdeckt. Mal ehrlich: Haben Sie kurz überlegt, das Ganze unter den Teppich zu kehren?

Natürlich waren wir sehr traurig über diese Nachricht. Aber was sollte mich motivieren, so etwas zu tun?

Geld! Immerhin haben Sie dem Museum dadurch einen Millionenschaden bereitet.
Warum? Wir wollten es doch nicht verkaufen. Wir sehen vielmehr auch darin einen Gewinn – für uns und das Publikum! Das Interesse ist sehr groß, und sogar ein französischer Fernsehsender war hier.

Iris Schaefer nimmt ein Telefonat an, danach verdreht sie die Augen. Schon wieder jemand, der sich plötzlich der Echtheit seines Monets unsicher ist und das Museum wegen einer Bildberatung angeht, am besten samt UV-Bestrahlung, Stereomikroskop und chemischer Analyse. »Wir helfen gern«, sagt sie, aber mehr als eine halbe Stunde sei nun wirklich nicht drin.

»Der Fälscher gibt vor, ein anderer zu sein«

Ist Fälschen schwierig?
Heute wird es einerseits immer schwieriger, weil es uns Technologen gibt. Andererseits kann man online die zugängliche Fachliteratur zum jeweiligen Künstler studieren, sich anschließend die entsprechenden Pigmente besorgen und damit vor allem Gemälde des 19. und 20. Jahrhunderts vergleichsweise leicht imitieren.

Was ist denn der Unterschied zwischen einem echten und einem unechten Monet?
Ein unechter Monet verkörpert weder von der Idee noch vom Material her das, was der Künstler gewollt und gemacht hätte. Im Unterschied zum Kopisten gibt der Fälscher vor, ein anderer zu sein.

Das Bild hat sich durch die Aufdeckung nicht verändert, lediglich die Autorschaft. Läuft also auch in der hehren Kunst die Wertschätzung nur über große Namen?
Man muss ein einzelnes Bild immer im Zusammenhang des Gesamtwerkes eines Künstlers sehen: Ist es ein wichtiges Bild, aus welcher Schaffensphase

stammt es und so weiter. Danach richtet sich dann die Bedeutung des Kunstwerks. Aber abgesehen davon: Klar, der Name »Monet« zieht, so ist das nun einmal.

War der Monetfälscher Künstler oder Kunsthandwerker?
Ich glaube schon, dass er ein echter Maler war. Immerhin hat er die meisten Betrachter 80 Jahre lang überzeugt.

Zum Schluss erzählt mir Frau Schaefer noch, dass es bei ihr in Nippes eine Kneipe gibt, die sich »Restauration« nennt, ein Wort, das Journalisten auch auf ihr Metier gerne anwenden. Das sei aber falsch, sagt sie mit Verve. Ihr Berufs-zweig widmet sich der »Restaurierung« und hat nichts mit Bier und Jäger-schnitzeln zu tun!

 *April 2008*

Nachtrag: Der gefälschte Monet, das Gemälde »Am Seineufer von Port Vil-lez«, hängt mittlerweile in einem eigens eingerichteten Raum des Museums. Das äußerst sehenswerte »Labor« des WRM im zweiten Stock präsentiert außerdem verschiedene Exponate zur Arbeit des Restaurators sowie die Werkanalyse eines mittelalterlichen Altarbildes.

Iris Schaefer,
geboren 1963, ist Diplom-Restauratorin und Kunsttech-nologin. Nebenbei fungiert sie als vereidigte Sachver-ständige für Schadensfeststellung von Gemälden bei der IHK Köln. Nach ihrem Studium an der Kölner FH arbeitete sie zunächst ab 1990 beim Museum Ludwig, bevor sie im Jahr 2000 ans abgetrennte Wallraf-Richartz-Museum wechselte. Seit 2002 leitet sie dort die Abteilung Restaurierung. Im Rahmen des Forschungsprojektes zur »Maltechnik des Impressionismus und Postimpressionismus« machte man Anfang 2008 eine spektaku-läre Entdeckung: Das Claude Monet zugeschriebene Bild »Am Seineufer von Port Villez«, seit 1954 im Besitz des WRM, ist eine Fälschung.

»Das erste Guinness schmeckt nie!«

Vincent Leggett | Irischer Kneipier

Der Alter Markt um die Mittagszeit: Vor dem Jan-von-Werth-Denkmal stehen die Touristengruppen aus aller Welt und lassen sich die Heldentaten des kölschen Kriegers schildern. In den Biergärten und vor den Pommesbuden sitzen die Bauarbeiter zur Mittagspause. Vincent Leggett kommt mit dem Fahrrad zum Pub. Das Interview möchte der passionierte Südstadt-Bewohner draußen führen – er ist Raucher und der Corkonian für ein paar Wochen testweise qualmfrei.

Sie sagen von sich selbst, Sie seien ein geborener Thekenmann. Was bedeutet das?

Das hängt mit meinem Vater zusammen, der in Cork einen kleinen Supermarkt hatte. Seit ich vier, fünf Jahre alt war, stand ich dort oft mit hinter der Theke und fand es toll, wie er da alles steuerte. Als Chef dieses Ladens war er zugleich ein Fixpunkt für die ganze Nachbarschaft und eine Art Showman. Ich wusste schon damals, dass ich auch so etwas werden wollte.

Zwischen einem Lebensmittelladen und einer Kneipe gibt es allerdings ein paar kleine Unterschiede, oder?

Klar, Kartoffeln und Scheibenbrot waren dann doch nicht mein Ding. Irische Kneipen waren in den frühen 80ern noch ziemlich anders als heute, da ging es durchaus zwielichtig und abenteuerlich zu. Und der Typ hinter der Theke – das war der Mann! Und der wollte ich sein.

»Da ging es durchaus zwielichtig zu«

Was fasziniert Sie an Kneipen?

Als Barmann kannst du deine eigene Atmosphäre aufbauen. Man kann sich mit den Gästen unterhalten, man kann laute Musik spielen, und man muss auch nicht immer so überaus freundlich sein wie in anderen Geschäften.

Der Corkonian und Barney Vallely's um die Ecke sind so etwas wie das zweite Wohnzimmer der Kölner Iren. Was sind das für Leute, die dorthin gehen?

Das hat sich ein bisschen gewandelt über die Jahre. Ich arbeite seit 1991 im Cork, damals kamen hier zu fünfzig Prozent Iren und Briten hin. Das waren vor allem Bauarbeiter und Handwerker, weil es in Irland und England seinerzeit wirtschaftlich ziemlich mies aussah. Seit es in Irland bergauf geht, ist die irische Community in Köln kleiner geworden. Wenn sie nicht in Pubs arbeiten, dann – typisch irisch – mit Pferden oder auf Golfplätzen.

Warum gibt es in Köln eigentlich so viele Irish Pubs?

Das fing 1988 an, bei der Fußball-EM in Deutschland. Irland hatte sich zum ersten Mal international qualifiziert, und Köln wurde das Basislager der irischen Fans. Die Deutschen stellten fest: Mensch, mit diesen Jungs von der Insel kann man unglaublich viel Spaß haben, die sind friedlich und trinken gern. Und so schossen dann diverse Irish Pubs aus dem Boden.

Damals durfte man Guinness in Deutschland noch nicht mit Stickstoff aufschäumen, stimmt's?

Ja, nur mit Kohlensäure, das sollte alles nach deutschem Gebot gehen und sah total unappetitlich aus. Bräunlicher, zerfallener Schaum, dicke Blasen und so weiter. Wir mussten nach Brüssel gehen, um das zu ändern.

Waren Sie schon immer gern in Kneipen?
Als Kind durfte ich nur in die Lounges der Bar gehen, das war der abgetrennte Teil für die Frauen. Viele Kneipen waren für Frauen sogar komplett verboten. Aber jeder Junge wollte natürlich auf die andere Seite!

Um dort Guinness zu trinken? Viele Menschen finden dieses Bier sehr gewöhnungsbedürftig.
Das erste Guinness schmeckt nie! Als kleine Jungs haben wir mit Cidre angefangen, da wurde einem nicht so schnell übel von. Aber für einen Teenager war es dann einfach das Größte, ein Guinness zu trinken. Wenn man zum ersten Mal an die Theke durfte und ein Stout bekam, dann war das der Ritterschlag zum Erwachsensein.

Aber nur von Guinness kann man nicht leben.
Noch in den 80er Jahren ist jeder zweite Ire emigriert. Zu Hause waren wir sieben Geschwister, vier davon sind ins Ausland gegangen, das war normal. Und nach der Euro 88 haben sich viele für Deutschland statt England oder Australien entschieden. Das ist ein geiles Land, haben die gemerkt. Als Ire ist man beliebt hier, die Mädchen sind supernett, und diese Deutschen trinken ja noch mehr als wir! Was sollen wir also in London, wo wir oft noch wie Hunde behandelt werden?

Deshalb sind auch Sie 1990 nach Köln gekommen?
Genau. Wegen den Mädchen, dem Bier und »*the Craic*«.

»Craic« steht im irischen Englisch für Spaß haben, einen drauf machen. Trinken, Singen und Lachen sind damit unbedingt verbunden. Das Wort hat auch Eingang in Alltagsfloskeln gefunden: How's the Craic = Wie geht's, wie steht's?

In Köln finden sich weder grüne Hügel noch Meer und Klippen. Vermissen Sie das?
Klar, ich vermisse meine Familie und die Küste, deshalb fahre ich auch zwei-, dreimal im Jahr nach Hause. Aber in Köln hat man auch viel Natur, in Cork kann man zum Beispiel nicht mal eben im Park grillen gehen. Mit meiner Frau und meinem Sohn fahre ich auch gern in Rodenkirchen an den Rhein zum Picknickmachen. Köln ist einfach eine super Stadt, um Kinder großzuziehen.

Irland war über Jahrhunderte englisch unterdrückt. Gibt es deswegen im Corkonian noch manchmal Stress?

In unserem Pub spielen Religion, Hautfarbe oder Nationalität keine Rolle. In der Kneipe ist jeder gleich. Was ich nicht mag, sind Sektierer, die andere Gruppen für schlechter halten. Und was die Engländer betrifft: In den frü-

hen 90ern war das durchaus noch heftig, da hatten wir jeden Abend zwei Türsteher vor der Bar, und es gab viele Prügeleien. Aber heute sind uns die hier lebenden Engländer eigentlich sehr ähnlich, die mögen ihr Bier, ihren Fußball und ihren Craic.

Sie haben hier sogar eine irische Thekenmannschaft. Wie kam es dazu?

Richtig, The Cölshies. Da gibt es diesen griechischen Laden in der Südstadt, das Lithos. Die haben damals jedes Spiel verloren. Wir Iren gingen dahin, weil die ihre Pommes noch selber machen, genau wie in Irland. Und dann begannen einige von uns, da mitzuspielen, und es ging aufwärts mit der Mannschaft. Nach dem ersten Unentschieden haben die Griechen eine Woche gefeiert! Und daraus haben sich dann 1989 The Cölshies entwickelt. Die gibt es bis heute, und das macht immer großen Spaß.

In »Cölshies« klingt – durchaus beabsichtigt – auch das Wort »Culchies« mit. Speziell in Dublin, aber inzwischen auch im restlichen Irland, werden damit Provinzler und Landeier bezeichnet.

Wer über Irland redet, spricht vom »Celtic Tiger«, ein Ausdruck, der den enormen wirtschaftlichen Aufschwung des Landes beschreibt. Wie nehmen Sie die Veränderung in ihrer Heimat wahr?

Ich wohne da nicht, ich kann nur sagen: Die Ökonomie ist in den Himmel geschossen, aber wir hatten zuletzt auch eine Arbeitslosenquote von 6,1 Prozent.

Das bringt auch soziale Umwälzungen mit sich.

1985 war Irland arm, hat aber pro Kopf das meiste Geld für Bob Geldofs Live-Aid-Projekt gespendet. Die Mentalität war so: Ich habe nichts, aber ich gebe dir die Hälfte davon. Jetzt scheint es so zu sein, dass man viel hat, aber nichts mehr geben will. Jeder will ein großes, modernes Haus und fährt einen lächerlichen Geländewagen als Statussymbol.

Statt zu emigrieren, nehmen die Iren jetzt Einwanderer auf.
Ja, wir waren ein Volk von Ausländern. Wenn andere Länder uns nicht aufgenommen hätten, wo stünden wir dann heute? Ich habe Angst vor dem Tag, an dem die Iren sagen: Geht zurück nach Polen, ihr nehmt uns die Jobs weg. Das wäre schrecklich für mich.

Die Deutschen sind immer eher aus romantischen Gründen nach Irland gekommen. Kennen Sie das »Irische Tagebuch« von Heinrich Böll?
Nein. Aber was Sie da beschreiben, gilt jenseits aller Veränderungen auch heute noch. Jeder Deutsche, der in Irland war und danach wieder in den Corkonian kommt, bringt noch immer tolle Erinnerungen mit.

Für das Foto wird Leggett gebeten, ein Guinness zu zapfen. Langsam steigen die Blasen auf, das Glas färbt sich schwarz. »Und wer trinkt das jetzt?«, fragt er. Das Interview hat durstig gemacht, die Frage beantwortet sich von selbst.

 *September 2008*

Nachtrag: Im Corkonian qualmen inzwischen längst wieder die Aschenbecher. Zunächst das Schlupfloch »Raucherclub« und sodann die totale Verwässerung des Nichtraucherschutzgesetzes im Juli 2009 haben dazu geführt, dass sich kaum ein Kneipier leisten kann, in seinen Räumlichkeiten ein komplettes Qualmverbot zu verhängen. Nun ja, der Güte des Guinness, das am Alter Markt ausgeschenkt wird, schadet der blaue Dunst jedenfalls nicht. Vielleicht werden das bald auch wieder mehr und mehr irische Gastarbeiter feststellen. Denn der keltische Tiger ist tot, der Bauboom Vergangenheit.

Vincent Leggett wurde am 27.8.1969 in Cork/Irland geboren. Nach einer Ausbildung zum Barmanager arbeitete er in verschiedenen Gastronomiebetrieben seiner Heimat, bevor er 1990 nach Köln kam. 1991 begann er als Kellner im Corkonian am Alter Markt, seit April 2008 ist er der Chef dieses Irish Pubs. Leggett lebt mit seiner Frau und zwei Kindern in der Südstadt und beschreibt seine Familiensituation folgendermaßen: »Irischer Vater, französische Mutter, kölsche Pänz.«

»Haltet doch mal das Ohr dran!«

Bernd Kittlass | Garten- und Landschaftsarchitekt

In Finkens Garten scheint die Sonne. Vögel zwitschern, viele Blumen haben bereits zu blühen begonnen und verströmen einen frühlingshaften Duft. Bernd Kittlass empfängt mich auf einer Bank nahe dem Wirtschaftsgebäude.

Herr Kittlass, wer oder was war Finken?
Das war hier bis in die 1970er Jahre hinein die Baumschule von Fräulein Finken – auf das »Fräulein« hat sie sehr großen Wert gelegt. Es gab keine Kinder, keine Erben, und deshalb hat sie das Terrain für eine Million D-Mark an die Altgemeinde Rodenkirchen verkauft. Das Geld hat sie übrigens bei Herstatt angelegt, das war dann weg.

Die Privatbank des Iwan David Herstatt ging im Sommer 1974 pleite, Tausende von Anlegern verloren einen Teil ihres Geldes. Seinerzeit handelte es sich um den größten Bankenskandal der Nachkriegszeit.

Und wie sind dann Sie an den Flecken gekommen?

Auf dieses Gelände waren alle möglichen städtischen Institutionen scharf. Damals habe ich – zumindest in Bezug auf Finkens Garten – den Begriff »Klüngel« sehr positiv kennen- und schätzengelernt.

Wieso das?
Ich hatte den Regierungspräsidenten Antwerpes als mächtigen Verbündeten gewonnen. Und auf einmal war das hier – schwups – ein Landschafts- und Wasserschutzgebiet. Jeglichem Bauen war damit ein Riegel vorgeschoben, und so hat Antwerpes die Weichen für den heutigen Naturerlebnisgarten gestellt.

»Aber Geld haben wir keins«

Hat man Sie auch ordentlich gefördert?
Als wir 1981 anfingen, da hieß es: Macht man, was ihr euch da vorstellt, aber Geld haben wir keins.

Ihr heutiger Etat ist auch so niedrig, dass Sie auf Sponsoren wie den Lions Club angewiesen sind.
Von der Stadt bekommen wir genau 4.500 Euro im Jahr. Aber durch die vielen Ehrenamtler und Partner geht es noch immer. Und man braucht natürlich immer wieder gute Ideen.

Frühling, die Natur explodiert. Was bedeutet das für Finkens Garten?
Die Osterglocken zum Beispiel blühen dieses Jahr pünktlich zu Ostern. Und die sind für Großstadtkinder unglaublich reizvoll.

Wieso?
Nun, wir machen hier ja absichtlich keine erklärenden Führungen, sondern lassen die Kinder selbst den Garten entdecken. Da kommt dann die Frage: »Warum heißen die Oster-Glocken? Und warum Glocken?« Dann sage ich denen: »Haltet doch mal das Ohr dran.« Den Rest erledigt die Phantasie, Sie glauben nicht, wie viele dann wirklich etwas hören.

Kinder aus der Großstadt sitzen am Computer, haben zu wenig Bewegung und keine Ahnung von der Natur. Stimmt das?
Wir stellen hier tatsächlich fest, dass Kinder aus dem Stadtzentrum viel weniger über die Natur wissen als solche vom Stadtrand oder aus einem Dorf. Dort hat man normalerweise einen Garten und nicht selten auch Großeltern, die Gemüse und Kräuter anpflanzen.

Sehen Sie einen großen Nachholbedarf?
Der Garten wird von Jahr zu Jahr immer wichtiger. Immer mehr Kinder kommen zum Beispiel hierhin und wissen nicht, dass Äpfel an Bäumen wachsen. Die kennen die nur aus den Kisten im Supermarkt.

Und da sehen die ja auch ganz anders aus.
Genau. Unsere Äpfel haben Flecken, Schorf, Grind, dann heißt es: »Iieh, nee, die ess ich nicht!« Da ist dann Überzeugungsarbeit gefragt. »Hier«, sage ich, »seht mal«, und dann reibe ich den Apfel an der Hose blank. Das kennen die auch nicht mehr, solche einfachen Verrichtungen.

In unserer Nähe hängen sich drei Kinder an einen über einem Wasserbecken schwebenden Ast, der jederzeit brechen kann. »Seid ihr Tarzan?«, ruft Kittlass, um sich dann zu mir zu wenden: »Den kennen die natürlich auch nicht.«

Sie sind dafür bekannt, sich viele nette Kleinigkeiten auszudenken.
An den Tagen der offenen Tür hängen wir Möhren in die Bäume. Oder Kartoffeln und Bananen. Und dann wird halt gefragt, was *nicht* an diesen Baum gehört. Da haben die Kinder einen Riesenspaß.

Sehr beliebt ist der alljährliche Riechgarten. Wie hat der sich entwickelt?
Mittlerweile haben wir dort vierzig verschiedene Gerüche versammelt, inklusive einiger massiver Stinkepflanzen. Da sind manche bei, die gibt es nur bei uns, wobei wir immer gern auch Samen verschenken.

Da fällt mir der Hennes ein, jene Pflanze, die Sie nach dem FC-Maskottchen benannt haben.

Nach einem Besuch vor zwei Jahren hat mir Kittlass einen Hennes geschenkt. So stark sie riechen, so sensibel sind diese Pflanzen auch. Vier Wochen später besaß ich nur noch ein vertrocknetes Häufchen Elend.

Ja, das ist eigentlich eine wilde Strohblume, die ein Gärtner vom Bodensee uns geschickt hat. Die stinkt nach Ziegenbock, und da wollten wir zur Taufe den 1. FC Köln für eine Kooperation gewinnen. Aber die waren zu überhaupt nichts zu bewegen.

Der FC galt schon in den 1950ern als ziemlich schnöselig. Trotzdem war der Original-Hennes da.
Genau, aber nur, weil der Bauer Schäfer früher mal beim Grünflächenamt

gearbeitet hat. Der kannte mich noch, und da hat der gesagt: Das ist mein Bock, ich komme. Und dann wurde das noch ein schönes Fest.

Wilhelm Schäfer hatte die wechselnden FC-Maskottchen seit dem Jahr 1970 auf seinem Hof in Widdersdorf betreut und zu den Spielen der Mannschaft begleitet. Er starb am 11. Juni 2006 im Alter von 69 Jahren.

Von Stinkpflanzen zu Stinkbomben: In den späten 1960ern waren Sie Studentenvertreter an der TU Berlin.
Das stimmt, ja.

Haben Sie damals den Schah von Persien mit Gemüsezwiebeln beworfen?
Nein, Gewalt habe ich immer abgelehnt.

Damit waren Sie im AStA ziemlich isoliert, nehme ich an.
Ich habe die ja alle noch kennengelernt: Horst Mahler mit seinen Irrwegen bis heute, Andreas Baader und Gudrun Ensslin. Aber ich war im AStA für Kultur zuständig, nicht für Politik.

Was haben Sie dort bewegt?
Ich habe zum Beispiel die ersten DDR-Schriftsteller zu Lesungen rübergeholt, Stephan Hermlin und Hermann Kant etwa. Wir haben die ersten DDR-Filme in Westberlin gezeigt und Jazzbands aus der CSSR spielen lassen. Für mich ging es immer darum, Brücken zu bauen.

Sie waren weder im SDS noch in sonst einer Partei oder politischen Vereinigung. Wie konnten Sie sich halten?
Durch gute Kulturarbeit, durch Ideen, Qualität und Niveau!

War Ihnen die AStA-Zeit später von Nutzen?
Die ist mir sehr zugutegekommen, als ich 1971 die Gartenschau in Köln organisiert habe. Und 1973 dann die Weltgartenbau-Schau in Hamburg. Dadurch kam ich um die ganze Welt.

Ist man als Gartenbauer per se politisch?
Wenn man in einer Verwaltung tätig ist und entsprechend seinen Fähigkeiten honoriert werden will, tja, dann läuft ohne Parteibuch absolut gar nichts. Das ist leider so.

Sie waren von 1977 bis 1980 selbst Leiter des Kölner Grünflächenamtes.
Ja, ich war deutschlandweit einer der ersten Grünflächenamtsleiter ohne Parteibuch. Sie glauben nicht, wie viele Fußangeln in so einer Verwaltung ausgelegt werden.

Ende der 1970er war das Rheinufer noch übersät von toten Fischen.
Genau, und im Wasser konnten Sie Ihre Filme entwickeln.

Sie waren nur relativ kurz im Amt. Wieso?
Ich habe wahrscheinlich zu viel mit den Bürgern und zu wenig mit der Politik gearbeitet. Man hat mich einfach abgesägt.

Sind Sie vielleicht eher ein Mann der Praxis?
Man muss sich immer darüber im Klaren sein, dass man so eine Arbeit nicht für sich macht, sondern für alle Menschen, vor allem für unsere Kinder. Wenn Sie heute einen Baum pflanzen, dann ist der erst in hundert Jahren erwachsen.

Anstatt zur Tagesordnung überzugehen, erklärt mir Bernd Kittlass alle Naturwunder in Reichweite. Der Hopfen, sagt er, reiner Bierhopfen, das ist der Kletterweltmeister, der wächst wie der Teufel. Und dieses Jahr, das ist das Schöne, brüten zum ersten Mal die Schwanzmeisen darin.

 *April 2009*

Bernd Kittlass wurde 1941 in Berlin geboren. Während seines Studiums der Garten- und Landschaftsarchitektur an der dortigen TU engagierte er sich auch im AStA und lernte die Köpfe der 68er-Bewegung kennen. 1974 zog Kittlass nach Köln, wo er von 1977 bis 1980 das städtische Grünflächenamt leitete. Danach baute er in Rodenkirchen den 1981 eröffneten Naturerlebnisraum Finkens Garten auf. Auch nach seiner Pensionierung im Jahr 2006 blieb Kittlass dem Garten treu. Bis heute fungiert er dort als Leiter, und zusammen mit seiner Frau wohnt er sogar in einem Haus direkt auf dem Gelände. Weitere Informationen unter www.finkens-garten.de.

»Ich habe mein Kleingeld auch schon am Blech gerieben«

Julia Şahin | Boxerin

»Ist die Frau Şahin schon da?«, frage ich die Empfangsdame im Fitnesscenter am Bonner Wall. »Şahin? Kenne ich nicht.« – »Sie wissen nicht, dass hier eine echte Boxweltmeisterin trainiert?« – »Ach so, Sie meinen die Julia!« Und da kommt sie auch schon aus dem strömenden Regen der Südstadt: 1,60 Meter, 49 Kilo und große Augen, die die Foto-Prozedur mit amüsierter Schalkhaftigkeit quittieren.

Sie kommen gerade aus der Reha – wie läuft es denn?
Ganz gut, die Knie werden immer besser. Zwischendurch habe ich zwar manchmal Schmerzen, aber das ist normal nach einer OP.

Anfang 2007 wurden Sie WIBF-Weltmeisterin, kurz darauf kam der Kreuzbandriss. Hartes Brot, oder?
Das ist ganz schön blöd gelaufen. Zumal ich gerade so weit war, dass das ZDF meine Kämpfe übertrug. Aber das war ja schon mein sechster Riss, irgendwann nimmt man das locker.

Julia Şahin lacht bei dieser Antwort, wie sie überhaupt stets gute Laune verbreitet. Ihren Kampfnamen »Sunshine« trägt sie nicht umsonst. Geboren wurde sie als »Hülya«, was sie für die deutschen Medien zur ähnlich klingenden »Julia« umwandelte. Und auch auf den kleinen Strich unter dem S (Şahin spricht man eigentlich »Schahin« aus) verzichtet sie zugunsten westeuropäischer Tastaturen.

»Wenn der Schlag gut sitzt, finde ich das cool«

Als Amateurin sind Sie für die Türkei angetreten, weil Sie sagen, Frauenboxen wird dort besser gefördert. Was läuft in Deutschland falsch?
Hier geht man immer davon aus, in Deutschland herrsche Gleichberechtigung. Aber vom türkischen Boxverband bekamen wir jede Unterstützung, ob finanziell oder organisatorisch. Wer als Deutsche im Ausland boxen wollte, musste dagegen alle Kosten selber tragen.

Sie bezeichnen den US-Amerikaner Roy Jones jr. als Ihr Vorbild. Was gefällt Ihnen an dem?
Sein Boxstil, seine Technik, die Lockerheit, mit der er seine Gegner aus dem Ring fegt – alles!

Roy Jones jr. (geb. 1969) gilt als Genie, dem es gelang, in vier verschiedenen Gewichtsklassen Weltmeister zu werden. Zugleich umgab ihn stets ein Hauch von Wahnsinn. Zeitweise war er seinen Gegnern so überlegen, dass er kurz vor dem Fight noch ein komplettes Basketballspiel absolvierte.

Haben Sie einen Lieblingsschlag?
Den Aufwärtshaken.

Profan ausgedrückt: Es gefällt Ihnen also, wenn Sie einen anderen Menschen voll von unten am Kinn erwischen und sein Kopf in den Nacken kracht?
Klar, wenn der Schlag gut sitzt, finde ich das cool. Dann hat sich das Training gelohnt.

Was ist der Unterschied zwischen Boxen im Ring und auf der Straße?
Boxen auf der Straße geht gar nicht! Auf der Straße gibt es kein Boxen, sondern nur Prügeln.

Es gibt genügend Boxclubs mit Leuten, die ihre Fertigkeiten bestimmt nicht im Ring testen wollen.

Für mich sind das Idioten. Jeder kann mal in die Situation kommen, dass er sich wehren muss. Aber ein richtiger, ehrgeiziger Sportler, der dem Boxen sein Leben widmet, der macht das auf der Straße nicht.

Boxen ist nicht gewalttätig?

Sehen Sie sich doch mal ein Fußballspiel an. Da sieht man Kopfstöße, Ellbogenchecks, Blutgrätschen und so weiter. Da geht es beim Boxen deutlich fairer zu. Wenn ich im Ring stehe, weiß ich genau, was auf mich zukommt.

Was halten sie von den Diskussionen über jugendliche Gewalttäter, speziell Migrantenkinder?

Das Falscheste wäre meines Erachtens, solche Camps wie in den USA einzurichten. Diese Leute, die ohnehin mit Gewalt aufgewachsen sind, mit Kampfsport zu therapieren, geht nach hinten los. Die sollte man eher zum Ballett schicken.

Sie arbeiten als Betriebsschlosserin bei der KVB. Haben Sie ein gutes Verhältnis zu Ihren Kollegen?

Auf jeden Fall! Für die ist es manchmal nicht einfach, wenn ich vor einem Kampf Sonderurlaub bekomme, während sie selber Nachtschichten schieben müssen.

Auch nach dem Interview betont Julia Şahin noch einmal, wie dankbar sie der KVB dafür ist, dass man ihr inzwischen alle Steine aus dem Weg räumt. Früher hat sie ihren Urlaub geopfert, um bei ihrem Hamburger Boxstall trainieren zu können.

> »Die sollte man zum Ballett schicken«

Sie sind für die Fahrkartenautomaten zuständig. Warum sind die eigentlich so oft kaputt?

Anfangs war das noch viel schlimmer, da war jeder zweite Automat defekt. Aber auch heute gibt es noch viele Probleme. Mal stürzt der Rechner ab, mal ist der Drucker defekt, oder jemand hat die Münzprüfer verstopft.

Was passiert genau, wenn so eine Münze zehnmal hintereinander durchfällt?

Der Sensor zur Erkennung von Falschgeld ist sehr fein eingestellt. Kleine Unebenheiten an der Münze können da schon ein Problem sein. Und wenn etwa die Trommel für die 10-Cent-Stücke defekt ist, dann nimmt der Automat eben gar keine Münzen dieses Wertes mehr an.

Und jetzt die Frage aller Fragen: Ist Reiben hilfreich oder nicht?

(lacht) Ich habe mein Kleingeld auch schon am Blech gerieben, und manchmal hat's auch geklappt. Aber ob es am Reiben liegt, weiß ich wirklich nicht. Das weiß niemand.

In Hamburg, wo der Universum-Boxstall sitzt, gibt es auch Verkehrsbetriebe. Könnte Ihnen Ihr Manager Klaus-Peter Kohl da nichts vermitteln?

Darüber habe ich noch nie nachgedacht, dafür liebe ich Köln viel zu sehr. In Köln ist alles einfach viel lockerer als anderswo.

»In Köln ist alles viel lockerer«

Aber ein lockeres Leben führen Sie nicht gerade. Wenn Sie aus der Nachtschicht kommen, gehen Sie zum Training.

Ich gehe kaum weg, ich trinke keinen Alkohol, und meine Freunde sehe ich auch nicht so oft, wie ich es gerne hätte.

Sehen Sie sich in Ihrer Freizeit gern Boxfilme an, zum Beispiel den oscargekrönten »Million Dollar Baby« von Clint Eastwood?

Den schon mal gar nicht, da wird der Boxsport doch total runtergemacht. Ich glaube nicht, dass irgendein Boxer diesen Film gut finden kann. Und das ist mit vielen Boxfilmen so.

Sie träumen davon, einmal in Las Vegas zu boxen. Wird das noch was?

Klar, wenn ich die Möglichkeit kriege, werde ich's tun. Obwohl es wahrscheinlich dumm wäre, denn bei amerikanischen Ringrichtern hat man als Ausländer nur eine Chance, wenn man einen eindeutigen K. o.-Sieg landet.

Mit 33 sind Sie in einem Alter, das für Boxer als das beste gilt. Dennoch wird die Zeit langsam knapp.

Das stimmt, niemand weiß, wie lange es noch gutgeht. Und meine Zukunft, das ist sowieso die KVB.

Zur Autorisierung des Interviews frage ich nach ihrer Mailadresse. Julia Şahin druckst herum, grinst verlegen. »Ich war noch jung«, sagt sie, »das hat mir mal jemand so eingerichtet.« Schließlich rückt sie heraus mit ihrem digitalen Alias, das ganz offensichtlich einer privaten Beziehung entsprungen ist. Und wenn ich ihn jetzt hier verbreitete, würden Sie auch schmunzeln.

 *Februar 2008*

Nachtrag: Nach unserem Interview ging es in Julia Şahins Leben richtig rund, aber nicht nur zum Positiven. Sie verteidigte ihren Titel abermals, bekam dann jedoch Ärger mit ihrem Boxstall. Şahin wurde fallengelassen und stand plötzlich als Weltmeisterin ohne Management und Trainer da. Im Oktober 2009 stieg sie erstmals unter neuer Leitung in den Ring. Für ihren Kampf gegen die amtierende Weltmeisterin Susi Kentikian wechselte sie in das etwas höhere Fliegengewicht und verlor umstritten nach Punkten. Den neuesten Stand ihrer wechselhaften Karriere erfährt man stets unter www.juliasahin.com.

Julia Şahin, geboren 1974, wuchs in Siegen auf, bevor sie mit zwölf Jahren nach Köln zog. Als Box-Amateurin wurde sie viermal türkische, zweimal Europa- und einmal Weltmeisterin. 2004 wechselte sie ins Profilager. Im Januar 2007 holte sie sich den WM-Gürtel des renommierten WIBF-Boxverbandes im Junior-Fliegengewicht (bis 49 Kilogramm). Die gelernte Metallbauerin arbeitet bei den Kölner Verkehrsbetrieben, wo sie für die Instandhaltung der Fahrkartenautomaten zuständig ist.

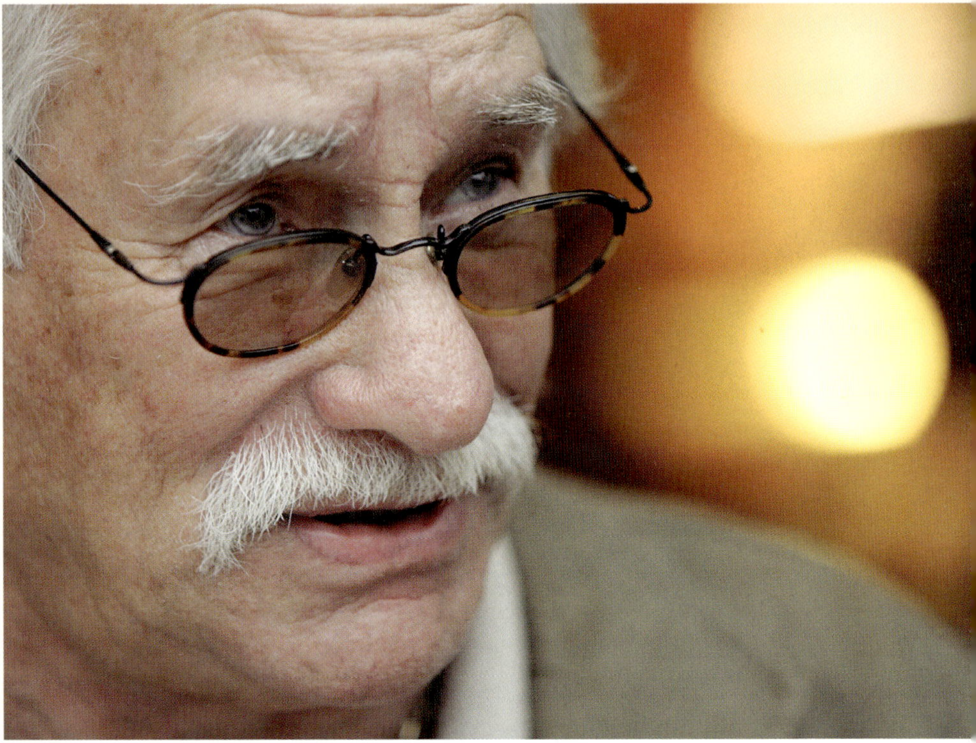
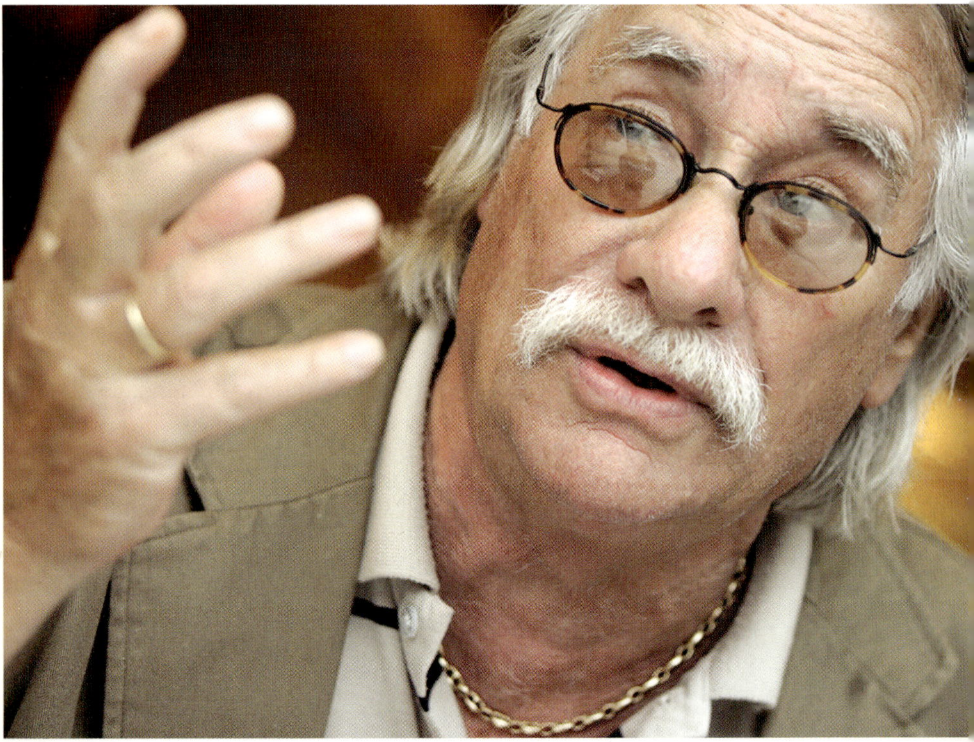

»Ohne Rhein kein Dom«

Hans Süper | Musiker und Karnevalist

Das Interview mit Hans Süper stammt aus der Reihe »Das Andere Gespräch«. Diese nur in den Sommerferien laufende Serie der Kölnischen Rundschau bezieht ihren Reiz daher, dass der jeweils Interviewte sich das Gesprächsthema selbst aussuchen darf. Tabu sind jedoch all jene Bereiche, für die der Interviewte in der Öffentlichkeit steht. In Süpers Fall also: der Karneval.

Hans Süper lässt noch immer nichts anbrennen. Auf die Interview-Anfrage um 14.15 Uhr reagiert er mit »Okay, dann um drei bei mir.« Grund für die zarte Verzögerung: Der ehemalige Kopf des legendären Colonia Duetts will noch das Formel 1-Qualifying zu Ende sehen. Zum ausgemachten Zeitpunkt steht er dann schon in der Tür: »Komm, Jung, lomm'r e Kölsch drinke jonn.« Eine Minute später sitzen wir vor einer Kneipe an der Luxemburger Straße.

Worüber wollen wir sprechen?
Über Köln, ist doch klar.

Also über das Thema »Heimat«.
Genau. Ich bin in der Altstadt geboren, mich kriegst du auch für zig Millionen nicht aus Köln weg. Erstens kann man Geld nicht essen, und zweitens ist Köln die schönste Stadt der Welt.

Die Kellnerin kommt mit der ersten Runde.

Da haben wir schon mal ein Kölsch, dat drinke m'r op Kölle.

»Mich kriegst du nicht aus Köln weg«

Ab wann ist man denn ein Kölner?
Du bist Kölner, wenn du hier geboren bist, wenn du spürst, hier gehörst du hin. Meine Heimat ist nicht nur Köln, sondern vor allem Sülz. Ich wohne noch immer in der Wohnung meiner Eltern, in Sülz kennt mich jeder. Ich spreche mit den Leuten, ich tröste die, wenn ihnen etwas Trauriges passiert ist. Der Müller von der CDU hat mal zu mir gesagt: Du bist für mich der Bürgermeister von Sülz.

Was macht Sülz für Sie aus?
Das ist mein Veedel. Und hier bin ich doch auch dem Dom ganz nah! Wenn ich mal wieder Sehnsucht bekomme, bin ich mit der Straßenbahn in fünf Minuten da.

Der Dom ist mehr als ein Klischee?
Wenn ich in die Stadt gehe, führt mein erster Weg immer zum Dom. Und dann stelle ich Kerzen auf, für die Leute, die ich gern habe, die gestorben, aber nicht vergessen sind. Das brauche ich, das ist ein sehr tiefes Bedürfnis.

»Kölsch-katholisch« nennt man diese Einstellung, glaube ich.
Ich bin kein Frommer und schon lange aus der Kirche ausgetreten. Aber ich bin Kölner, und der Dom ist mein Haus.

Heimat ist da, wo meine Freunde sind, sagt man.
Freundschaft ist ein großes Wort, das geht mir einfach nicht mehr über die Lippen. Dafür hat man mich zu oft in den Hintern getreten. Wie heißt es so treffend: »Lern die Menschen kennen, sie sind veränderlich. Die dich heute Freunde nennen, sprechen morgen über dich.« Deinen besten Freund

lernst du nicht zu Hause, sondern erst dann richtig kennen, wenn du mal 14 Tage mit dem in Urlaub fährst.

Menschen von außerhalb behaupten oft: In Köln lernst du unglaublich schnell Leute kennen. Aber Freunde gewinnst du hier nicht, dafür ist der Kölner zu oberflächlich.
Der Kölsche ist zu jedem lieb und nett und redet drauflos. Aber er nimmt es nicht so genau. Et kütt oder et kütt nit – so ist das hier. Aber der Kölsche ist schon in Ordnung. Ich meine sogar, er wäre der beste. *(lacht)*

Ein Gast, der offensichtlich einen ausgedehnten Frühschoppen hinter sich hat, kommt aus dem Kneipeninnern. Süper schwenkt sofort um.

Siehst joot us, Jung, hattste ene Unfall?

Und dann hört man Süpers altbekanntes meckerndes Lachen.

Das Leben auf der Straße, in Cafés und Kneipen ist Ihnen wichtig. Was ist daran das Besondere?
Ich brauche das, deshalb sitzen wir jetzt auch hier im Freien statt bei mir zu Hause. Was ich besonders liebe, ist die Kaschemme. Das meint ja nichts Böses, en Kaschemm es en Weetschaff. Und die wird vom Volk bestimmt, das dort verkehrt. Das Publikum macht die Kneipe.

Steckt dahinter das kölsche Lebensgefühl?
Ein echter Kölscher ist nie allein. Wenn ein Berliner und ein Kölner nach einem Flugzeugabsturz auf einer fremden Insel landen, ist der Kölsche binnen einer halben Stunde mit den Eingeborenen am essen, trinken und tanzen. Drei Wochen später weiß der Berliner immer noch nicht, dass da Menschen auf der Insel wohnen.

Während der Kölner den Eingeborenen gerade Kölsch beibringt?
Es wird viel zu wenig Kölsch gesprochen. Der Bayer hingegen kallt, wie ihm der Schnabel gewachsen ist.

Die Kellnerin schaut vorbei. – »Jo, dunn noch e Ründche«, sagt Süper.

Was kann Sie aus Ihrem Veedel herauslocken?
Wenn ich Sülz heutzutage verlasse, dann zum Angeln. Ich bin noch immer ein leidenschaftlicher Angler. An den Rhein gehe ich auch gern, ich kenne

da ein paar super Stellen. Dabei esse ich selbst gar keinen Fisch, habe immer Angst, da hängt noch ein Angelhaken von mir drin. *(lacht)*

Ist der Rhein für Sie nur ein Angelrevier?
Der Rhein und der Dom gehören zusammen. Ohne Rhein kein Dom, und der Rhein war auch lange vor dem Dom da. Für einen Angler ist der Rhein unberechenbar. Was sich da alles vermengt, die verschiedenen Zuflüsse, die Mosel, die Ahr und so weiter. Mal abgesehen von dem ganzen Treibgut.

Der Rhein als Metapher für Köln: unberechenbar und ewigem Wandel unterworfen.
Das ist so!

Sie sind auch viele Jahre nach Spanien gefahren.
Das fing auch mit dem Angeln an. Da fing man Karpfen, das war eine Wucht. Und dann kam der Wels! Welse von über zwei Metern. Heute ist das vorbei, die Angelparadiese wurden alle zu Geld gemacht.

Sind Sie in Spanien je heimisch geworden?
Ich war ja 30 Jahre in Spanien, aber zu Hause habe ich mich da nie gefühlt. Wieso? – Weil du dort ein Ausländer bist, weil du die Sprache nie richtig sprechen wirst.

Und heutzutage?
Unser Haus habe ich meinem Sohn geschenkt. Die letzten Jahre war ich immer schon traurig, wenn ich zum Flughafen rausfuhr. Und beim Abflug hatte ich schon wieder Heimweh nach Köln.

»Heimweh nach Köln« – das ist ein Ostermann-Zitat. Wer repräsentiert heutzutage am ehesten die kölsche Heimatmusik?
Die Bläck Fööss! Das ist die Crème de la Crème. Die Höhner mögen die Nummer eins beim Publikum sein, aber musikalisch werden die nie an die Fööss heranreichen. Und wo wir schon mal dabei sind: Tommy Engel – das ist für mich der Größte in Köln. So ein Talent wird nur einmal in hundert Jahren geboren.

Definiert sich Heimat auch über lokale Rivalitäten wie der zu Düsseldorf?
Mir wäre es am liebsten, wenn Köln und Düsseldorf eine Gemeinde würden – dann hörte der ganze dumme Verzäll auf. Düsseldorf-Witze sind doch

das Primitivste, was es gibt. Einmal sind wir mit den Höhnern bei der Eröffnung einer Düsseldorfer Sparkasse aufgetreten. Da fingen die an von
wegen, Düsseldorf müsse abgerissen und ein Parkplatz für Köln werden. –
So was kann man doch nicht machen!

Gibt es denn Unterschiede zwischen Köln und Düsseldorf?
(Süper singt:) Do küss us Düsseldorf, wat wellst'e maache / Do küss us Düsseldorf un deis jään laache / Do bess nit dumm, nä, du bess schlau / Di Lieb-
lingswöötche es: Helau.

»Jeck loss jeck elans« – ist das Ihr Credo?
Jedenfalls bin ich in Düsseldorf immer gut aufgenommen worden. Kurz vor
meinem Ausstieg war mir eine Halsader geplatzt, da habe ich Blut gespuckt
und musste deswegen mehrere Auftritte absagen. Die Düsseldorfer meinten
dann: Wenn der Hans sagt, er ist krank, dann glauben wir das. Die Kölner
dagegen wollten ein Attest von mir.

**Sie sind noch immer sehr populär, aber in der Anfangszeit mussten Sie
mangels Wohnung im Auto übernachten. Haben Sie jemals überlegt, es in
einer anderen Stadt zu versuchen?**
Im Leben nicht! Warum sollte man hier weggehen? Das muss am Schluss
unbedingt noch mal gesagt werden: Köln ist die schönste Stadt der Welt.

*Wir wechseln an einen schattigeren Tisch. Aus dem sommerlichen Interview
ist ein ausgedehnter Nachmittagsschoppen geworden, das Diktiergerät habe
ich längst ausgeschaltet. Süper bestellt ein letztes Kölsch, bevor er nach Rodenkirchen fährt. Zum Angeln.*

 *August 2007*

Hans Süper war 16 Jahre lang der Kopf des legendären Colonia Duetts.
Süper bestach dabei durch Schlagfertigkeit und akrobati-
sche Fähigkeiten – seine eigenwilligen Verrenkungen wurden neben dem auf seinen Kom-
pagnon gemünzten Spruch »Du Ei« zu seinem Markenzeichen. Nicht ganz so erfolgreich
wurde sein Nachfolgeprojekt, das Süper-Duett. 2002 feierte Süper sein 50-jähriges Ju-
biläum, um zwei Jahre darauf für immer von der Bühne abzutreten. Heute lebt er mit
seiner dritten Frau im Sülzer Haus seiner Eltern, in dem er auch 1936 geboren wurde.

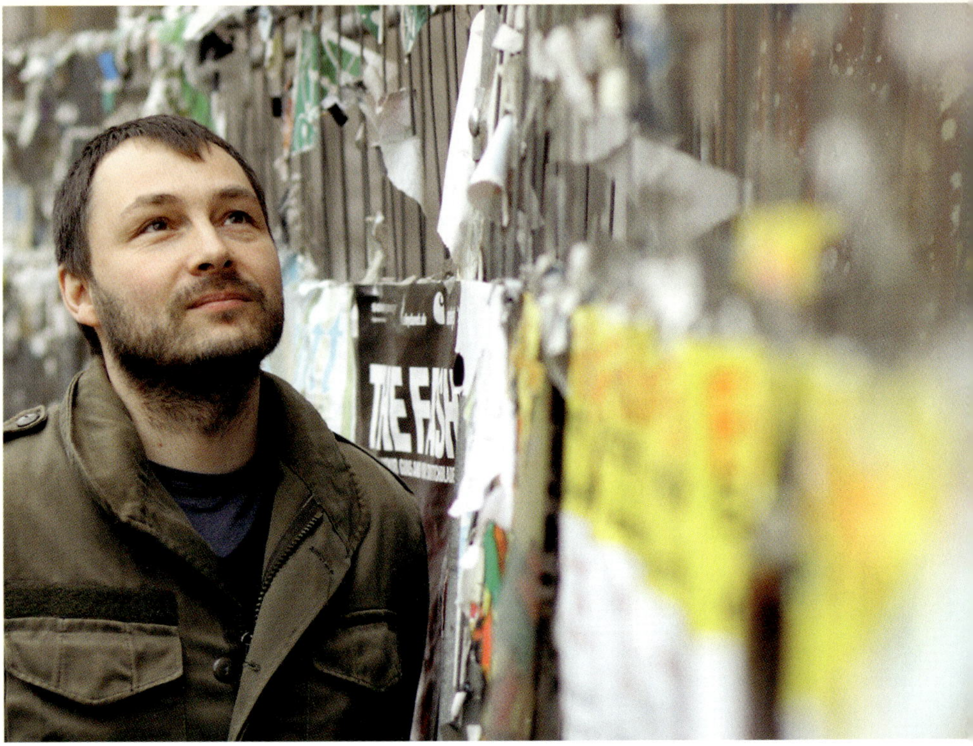

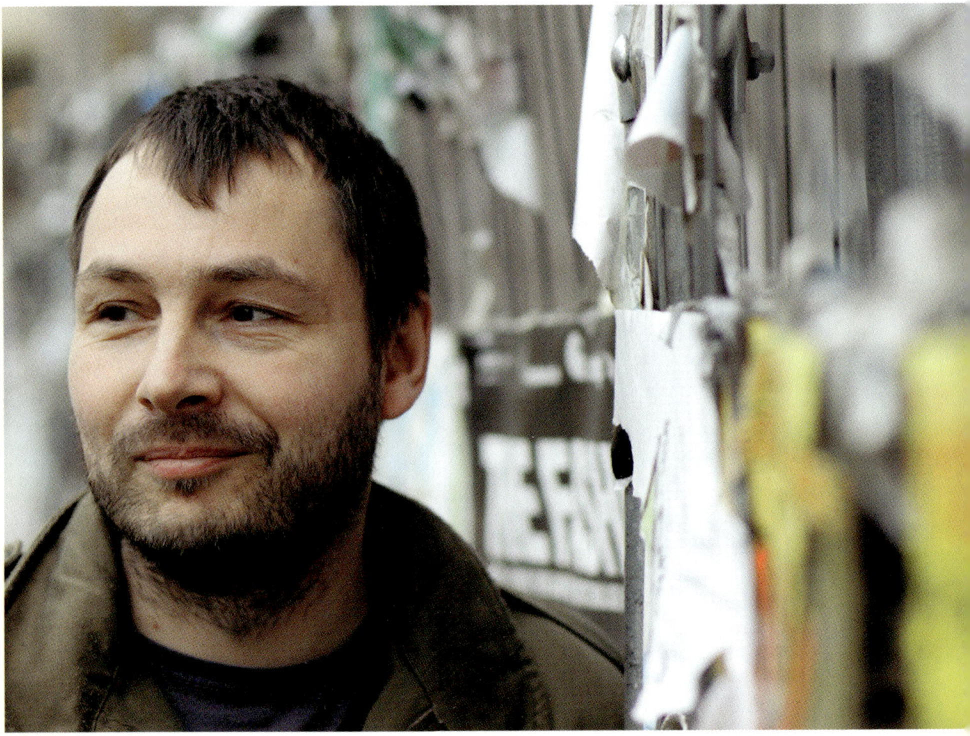

»Eltern untereinander sind Fachidioten«

Leo Leowald | Comiczeichner

Zehn Uhr morgens, der Merzenich am Chlodwigplatz ist prall gefüllt. Der Altersdurchschnitt liegt bei 70 Jahren, alle rauchen. Ganz hinten bei den Toiletten finden wir einen freien Tisch. Leo Leowald trinkt Tee, die Partys der gerade zu Ende gegangenen Leipziger Buchmesse haben seine Stimme ramponiert.

Seit mehreren Jahren zeichnen Sie täglich einen Zwarwald-Comic. Sind das eigentlich Sie, dieses Schnabelmännchen?
Ja, denn ich wollte etwas Autobiographisches machen. Anfangs habe ich mit einer Figur experimentiert, die mir ähnlich sah, aber das fand ich letztlich zu putzig, zu eitel auch.

Wie hat sich das Verhältnis zwischen Ihnen und Ihrer Figur seither entwickelt?
Sehr positiv. Vorher kannte mich niemand, heute immerhin eine Handvoll Leute. Der Schnabel hat mich aus dem Ghetto der selbst getackerten Heftchen katapultiert.

Zwarwald entsteht komplett am Computer. Wie hat man sich das vorzustellen?

Ich zeichne auf ein Grafiktablett, schaue dabei aber nicht auf meine Hand, sondern direkt auf den Bildschirm. Daher auch diese Kritzeligkeit, bei mir gibt es keine reinkopierten Sachen.

Die Geschichten handeln mal von Anne-Sophie Mutter, mal von Sigmund Freud oder Hui Buh, dem Schlossgespenst. Woher kommt jeweils der Antrieb?

»Ich bin sehr preußisch«

Nun, ich muss mir eben jeden Tag etwas aus den Fingern saugen. Und ich führe ein relativ durchschnittliches, um nicht zu sagen langweiliges Leben: Ich ziehe ein Kind groß, reise kaum und habe wenig Geld. Deshalb ist dann manchmal das spektakulärste Erlebnis des Tages, dass ich etwas über Anne-Sophie Mutter gelesen habe.

Leowald versteht sich aufs Understatement und auf die Selbstironie. Andererseits kann in Deutschland kaum jemand vom Comiczeichnen leben, auch Leowald nicht. Sein Geld verdient er mit Werbeillustrationen.

Was sind die Tücken der täglichen Produktion?

Vor allem anfangs war ich sehr unentspannt. Man geht mit Freunden essen, jagt dann aber um zehn nach Hause, weil der Comic bis Mitternacht fertig sein muss.

Klingt sehr preußisch.

Ich bin sehr preußisch. Ich suche auch bei Computerspielen immer nach der allerletzten Schublade, selbst wenn ich bis frühmorgens am Bildschirm hänge.

Haben Sie ein Konzept zur Erzeugung von Kreativität?

Sich hinsetzen und nicht eher aufstehen, bis was kommt. Aber die Angst vorm weißen Bildschirm habe ich ohnehin nicht mehr, dafür bin ich inzwischen viel zu trainiert. Für meinen Strip brauche ich normalerweise zwischen 20 Minuten und zwei Stunden.

Sind Sie ein kritischer Zeitgenosse?

Höre ich natürlich gern.

Lustig, aber gemein?
Gemein nicht. Leute, die sich den Medien offensiv aussetzen, werden eben durch die mediale Mangel gepresst. Ich verarbeite dann, was hinten rauskommt.

Was ist der Unterschied zwischen Humor und Klamauk?
Klamauk braucht keine reale Grundlage und ist einfach nur albern: Jemand stolpert, jemandem rutscht die Hose runter. Das versuche ich in der Regel zu vermeiden. Humor hat zu tun mit der Sicht auf die Phänomene, die einen umgeben.

Mit wem würden Sie sich denn auf keinen Fall beschäftigen?
Mit Knut zum Beispiel. Die Medienresonanz auf diesen Bären fand ich geradezu verabscheuungswürdig, da habe ich mich rausgehalten.

»Verabscheuungswürdig«? – Birgt Zwarwald womöglich doch gewisse Abgründe?
Kann schon sein. Zu meiner Sozialisation gehörte an vorderer Stelle der Punkrock.

Ein Punk in Gummersbach?
Klar, wenn alle anderen Handball spielen, wird man zwangsläufig zum Punk. Man muss diesen ganzen merkwürdigen Sportlern ja irgendwas entgegensetzen.

Sportlich sieht Ihr Schnabelmännchen wirklich nicht aus.
Ist es auch nicht, war ich auch nie. Aber mein Vater hat mich direkt zu meiner Geburt beim Handballverein angemeldet.

Wie verlief Ihre Karriere?
Parallel zum Training lief im Fernsehen »Wickie« …

… auch ein ziemlicher Schlappschwanz.
Genau, und ich habe mich dann für den statt fürs Training entschieden.

Als alle zum Studieren an die Essener Folkwangschule gingen, schrieb Leowald sich in Offenbach ein. Als alle begannen, am Computer zu zeichnen, übte er sich in Aktmalerei und Kalligraphie. Als alle nach Berlin zogen, wechselte er nach Köln. So etwas nennt man wohl einen Querkopf.

Dient Ihnen das Komische, die Verulkung auch als Schutzmantel?
Na klar, das ist ein Mittel, sich die Welt ein bisschen zu formen und nicht am alltäglichen Irrsinn zu verzweifeln. Dem kommt man am besten mit Komik bei oder mit Horror. Aber Horrorgeschichten kann ich leider nicht zeichnen.

Ihr Buch »Raues Sitten« handelt komplett von frischgebackenen Eltern.
Ja, schrecklich, oder?

Wie beurteilen Sie die Arbeit von Ursula von der Leyen?
Ich finde vor allem großartig, wie die sich präsentiert, als offene Angriffsfläche nämlich.

Direkt die Eingangsgeschichte erzählt davon, wie peinlich Sie das Thema Babys eigentlich finden.
Ja, meine Frau und ich hatten uns vor der Geburt geschworen, keine Kunstwerke oder Comics zu unserem Kind zu machen. Dem bin ich natürlich ein bisschen untreu geworden.

»Ein bisschen« ist gut!
(lacht) Nein, ich bin voll in die Falle getappt. Aber wenn man wie ich jeden Tag sein eigenes Leben thematisiert, dann kann man so ein Kind natürlich nicht außen vor lassen. Dafür stülpt es das Leben zu sehr um.

Mussten Sie gewisse Vorurteile revidieren?
Eigentlich nicht. Eltern sind genauso schlimm, wie ich dachte, und mich selbst nehme ich da nicht aus.

Wie meinen Sie das?
Eltern untereinander sind Fachidioten, die reden nur über das eine Thema. Genau wie Comiczeichner, da rennen auch alle anderen aus dem Zimmer, wenn die sich unterhalten.

Eine Geschichte im neuen Band handelt von Fredrik Vahle (»Anne Kaffeekanne«), dessen CDs in kaum einem deutschen Kinderzimmer fehlen. Was stört Sie an dem Mann?
(lacht) Gute Frage. Mit meinem musikalischen Hintergrund fühle ich mich

einfach angegriffen durch solch eine Musik. Es gibt Schlimmeres, aber wenn man das irgendwann im Schlaf mitsingt, dann ist eine Grenze überschritten.

Sie waren gerade auf der Leipziger Buchmesse. Lassen sich Comictrends ausmachen?
Es gibt tatsächlich zwei klare Entwicklungen. Die eine führt hin zum autobiographischen Comicbuch à la Alison Bechdel (*»Fun Home«, Verlag Kiepenheuer & Witsch, B.I.*). Die andere bringt mehr und mehr deutsche Zeitungen dazu, ihren eigenen Strip in Auftrag zu geben, statt die üblichen Hägars und so weiter einzukaufen. Und parallel dazu werden die deutschen Zeichner auch immer besser.

Lehnt sich die Form Ihrer Panels wirklich an die Steine der Kölner Stadtmauer an, wie ich mal gelesen habe?
Ah, endlich die erste Köln-Frage! Nein, es ist genau andersherum: Wenn man mit diesen vier Klötzen im Hirn herumläuft, dann entdeckt man die auch überall wieder.

Der alte Mann am Nebentisch hat uns die ganze Zeit interessiert zugehört. Mit der letzten Frage drückt er seine HB aus und trägt die leere Kaffeetasse zur Theke. Leowald sieht ihm nach, wie er durch die Tür und irgendwo in der Südstadt verschwindet. Gut möglich, dass der Mann dereinst in einem Zwarwald auftritt.

 *März 2008*

Leo Leowald, geboren 1967, wuchs in Niederseßmar bei Gummersbach

auf. Nach seinem Studium an der Hochschule für Gestaltung in Offenbach zog er nach Köln. Seit 2004 zeichnet er täglich den aus zumeist vier Panels (Einzelbildchen) bestehenden Comicstrip »Zwarwald«, den er auf seiner Website veröffentlicht (www.leowald.de bzw. www.zwarwald.de). Dort findet sich auch eine Liste mit Leowalds Büchern. Mit seiner Frau, der Künstlerin Katharina Jahnke, und dem gemeinsamen Sohn lebt Leowald in der Südstadt.

»Das war die Faust Gottes«

Heinz Flohe | Fußballer

Ein Eiscafé in der Euskirchener Fußgängerzone. Der Mann auf der Bank am Fenster trägt Trainingsanzug und Turnschuhe. 1974 war er Fußballweltmeister, vier Jahre später führte er den 1. FC Köln zum Double. Heinz Flohe spricht normalerweise nie mit der Presse und ist deshalb genauso aufgeregt wie ich, der ich nun mein ewiges Idol interviewen werde.

Sie waren zugleich ein großer Dribbelkünstler und ein Mittelfeldregisseur. Was macht mehr Spaß: ein Dribbling, bei dem man drei Leute stehen lässt, oder der tödliche Pass?

Das Größte für jeden Fußballer ist es, Tore zu schießen. Und wenn man wie ich aus dem Mittelfeld kam, dann musste man auch dribbeln können. Sonst kommt man ja nicht vors Tor.

Vor allem unter Hennes Weisweiler war der FC immer sehr offensiv ausgerichtet.

Der Hennes hat mit uns trainiert, die Flanken und Ecken ganz stramm reinzubringen, nicht so Dinger, wo oben Schnee drauf ist. Die waren wie Torschüsse, da schwärmt der Dieter Müller *(1973–81 Mittelstürmer des FC, B.I.)* heute noch von.

Hatten Sie als Jugendlicher ein Vorbild?

Mein Vorbild war Stan Libuda. 1970 bei der WM in Mexiko war ich als Tourist, da hatten wir Riesenspieler auf den Außenpositionen: Libuda, Grabowski …

»Mein Vorbild war Stan Libuda«

… Löhr!

Die Nase auf links, genau. *(lacht)*

Sie haben mal gesagt, Sie wären auch ohne Geld zum FC gegangen. Welchen Ruf hatte der Verein in den 1960er Jahren?

Das war alles superprofessionell, beim Clubhaus und den Anlagen angefangen. Das kann man nur mit dem heutigen FC Bayern vergleichen. Für Jungs, die aus dem Umkreis kamen, war der 1. FC Köln das Allergrößte. Ich sage immer: Wenn der Kremer nicht so früh gestorben und der Weisweiler früher gekommen wäre, dann wäre der FC so dominant wie heute die Bayern.

Es gab aber auch herbe Klatschen wie das 1:8 im Landesmeistercup 1962 beim FC Dundee.

Das Rückspiel habe ich noch als Zuschauer gesehen. Da stand es nach 20 Minuten 4:0 für den FC. Kurz danach kriegen die 'nen Elfmeter, und der Habicht verschießt den. Sonst hätte der FC das noch umgebogen.

Haben Sie auch mal überlegt, ins Ausland zu gehen?

Wir haben mal im Messe-Cup in Florenz gespielt, da habe ich zwei Tore gemacht. Nachher beim Bankett wurde ich angesprochen, ob ich nicht nach Italien wechseln wolle. Aber ich wollte hier nie weg.

Auch während seiner 13 Jahre beim FC hat Flohe immer in Euskirchen gewohnt. Wenn er – vor allem nach Niederlagen – mal in Köln einen trinken ging, übernachtete er beim Masseur der Mannschaft. Die Eifel sei einfach »wunderschön«, sagt er. Sein Stammcafé besucht er jeden Tag, hier ist er »der Heinz«.

Erst gegen Ende Ihrer Karriere sind Sie dann noch kurz zu 1860 München gewechselt.
78 bei der WM in Argentinien hatte ich einen Muskelfaserriss, den ich danach noch lange mit mir rumgeschleppt habe. Bei 1860 wollte ich mich in der Winterpause operieren lassen wegen der anhaltenden Schmerzen. Aber dann hat der Steiner mir ja das Bein gebrochen. Und dann war Ende.

Haben Sie es nicht als pietätlos empfunden, dass ausgerechnet Paul Steiner bald darauf vom FC verpflichtet wurde?
(lacht bitter) Ich behaupte heute noch, dass der mich mit voller Absicht gefoult hat. Wir haben Fernsehaufnahmen, wo ich im Mittelfeld den Ball mit dem linken Fuß führe, und er kommt von der Seite und tritt mir voll gegen mein rechtes Bein. Ich bin ja dann mit ihm auch vor Gericht gegangen, aber der hat immer behauptet, er wollte den Ball treffen und sei eben eine Sekunde zu spät gekommen.

Welche Gegenspieler haben Ihnen früher das Leben schwer gemacht?
Zum Beispiel der Berti …

Den haben Sie aber doch regelmäßig schwindelig gespielt.
(lacht) Der war ein Terrier, schwer zu spielen. Gegen den musste man zusehen, dass man schnell weitergab, sonst ging der sofort unten rein.

> »Der Berti war ein Terrier, schwer zu spielen«

Auch beim FC wurde ausgeteilt. Ein Bayernspieler verlor im Pokalviertelfinale 1971/72 zwei Zähne, und Sie waren beteiligt.
Das war ein Spiel … Nachher bin ich in die Lindenburg zum Nähen, da meint der Doktor: »Gibt's doch gar nicht. Erst kommt einer an, der hat 'nen Beinbruch, dann einer, der hat zwei Zähne weg, und jetzt auch noch Sie.« »Tja«, sag ich, »das war ein Fußballspiel.«

Erinnern Sie sich noch an den Verlauf?
Da hatten wir das Hinspiel in München 3:0 verloren. Ein astreines Tor von Glowacz war uns aberkannt worden, weil der Franz auf den Schiedsrichter eingeredet hatte. Denen haben wir schon da gesagt: Wenn ihr nach Köln

kommt, dann kriegt ihr Rames. Anfang der 2. Halbzeit führten wir 4:0, am Ende stand es 5:1, und wir waren im Halbfinale.

Aber das Spiel ging dann in der Kabine weiter, nicht wahr?

Der Krauthausen hatte mir während des Spiels eine große Platzwunde zugefügt, und danach sage ich zu dem: Hör mal, warum hast du das gemacht? Und da hat der mir 'ne Ohrfeige gegeben.

Was er bereuen sollte.

Ja, unten in der Kabine hat er einen Schlag bekommen, und dann war er am Weinen.

Wer dafür sorgte, konnte natürlich nie ermittelt werden, nehme ich an.

Das war die Faust Gottes. *(lacht)*

Am 29.4.2008 jährt sich zum 30. Mal der Gewinn des Doubles. Die Konstellation vor dem letzten Spieltag: Der FC liegt mit zehn Toren Vorsprung vor den punktgleichen Gladbachern. Waren Sie vor dem Spiel in St. Pauli sicher, dass Sie die Schale holen?

Wir waren todsicher! Die Bank hat uns damals keine Zwischenstände vom Spiel der Gladbacher gegen Dortmund gegeben. Da stand es ja schon zur Halbzeit 6:0.

Sie haben nichts gewusst?

Nein. Ich bin ja in der 80. Minute vom Platz gegangen, damit der Heinz Simmet noch die Prämie bekam. Wenn ich geahnt hätte, wie es in Düsseldorf *(das Spiel fand damals im Rheinstadion statt, B.I.)* stand, hätte ich mich nie auswechseln lassen. Zum Glück haben Culli und Okudera dann noch zwei Tore gemacht.

Heinz Flohe schoss damals die Tore zum 1:0 und 3:0. Der seinerzeitige Trainer der Dortmunder hieß Rehhagel. Vor dem Spiel hatte er kundgetan, ein Meister Gladbach sei ihm lieber als der 1. FC Köln.

Was haben Sie denn im Nachhinein über das 12:0 gedacht? Stank das nicht zum Himmel?

Doch! Ich habe mir die Aufzeichnung angesehen, die Dortmunder haben sich überhaupt nicht gewehrt. Mit dem Endrulat hatten die einen Torwart drin, dem sie kurz vorher die Kündigung geschickt hatten. Sogar der Hacki Wimmer hat ein Tor gemacht, das gab es normal gar nicht. Und der Schiedsrichter, Biwersi, galt als typischer Gladbach-Schiri.

Unsportlich ja, Schiebung nein?
Unsportlich war es auf jeden Fall.

Vor dem Kölner Rathaus steht ein Schild mit einem Foto der 1978er Siegesfeier. Da sind unter anderem Sie und Weisweiler zu sehen.
Direkt vorm Rathaus? – Da muss ich mal gucken gehen, das ist natürlich super!

In der Saison 1977/78 waren Sie überragend. War es ein Glück für Sie, dass Overath aufgehört hatte?
(lange Pause) Der Wolfgang, der hat ja praktisch alles bestimmt, der war der King und die anderen nur Mitläufer. Aber als er aufgehört hat, waren wir plötzlich eine Mannschaft, in der einer für den anderen gelaufen ist.

Wie war denn bis 1977 die Aufgabenverteilung im Mittelfeld zwischen Ihnen und Overath?
Wenn man den Ball hatte, musste man ihn Overath zuspielen. Oder er kam ihn sich holen. Der Weisweiler wollte zum Kurzpassspiel, aber der Overath hat ja immer nur lange Bälle geschlagen. Der konnte sein Spiel nicht mehr umstellen, und das war dann auch der ausschlaggebende Punkt dafür, dass Weisweiler ihn rausgeworfen hat.

> **»Wenn man den Ball hatte, musste man ihn Overath zuspielen«**

Sie sind Weltmeister und Doublegewinner. Hatten Sie eigentlich je einen Werbevertrag?
Einmal, zur WM 74. Da hat mir der Franz Beckenbauer was bei Langnese Eiscreme besorgt.

Das war alles?
Ich wollte das nicht, das war mir alles zu blöd. Vor der WM 2006 rief mich jemand von einer Handyfirma an. Die wollten in Südafrika einen Werbespot

drehen, mit Beckenbauer, Vogts, dem jecken Maier und mir. Da sag ich, nä, das ist mir zu weit, höchstens wenn Sie das hier in der Eifel machen.

»Der hatte keinen Mumm, keinen Bock auf mich«

Haben Sie vorher wenigstens gefragt, was Sie dafür bekommen hätten?
Das war eine Riesensumme, hätte ich mir ein schönes Auto für kaufen können. Aber dann haben die eben den Matthäus genommen.

Im Gegensatz zu Vogts und Maier saßen Sie im Endspiel 1974 auf der Ersatzbank.
Ja, wie immer bei dem Schön. Mit dem konnte ich gar nicht. Der hatte keinen Mumm, keinen Bock auf mich. Außerdem hatten Overath und Netzer eine große Lobby, die haben den Schön unter Druck gesetzt.

Fühlen Sie sich als Weltmeister?
Nein! In den Spielen zuvor wurde ich gegen Ende noch eingewechselt, aber ausgerechnet im Endspiel nicht.

Aber den kleinen WM-Pokal von damals haben Sie schon noch, oder?
Der liegt im Gästezimmer im Schrank.

Franz Beckenbauer sagt, der Heinz Flohe war damals der beste Spieler, den Deutschland hatte.
Tja, ich wäre ja auch noch gern Europameister geworden, 1976. Aber da waren einige Spieler bei, die von 74 noch übrig geblieben waren und keine Leistung mehr brachten, der Hoeneß zum Beispiel. Im Halbfinale lagen wir gegen Jugoslawien 2:0 zurück, und dann kamen Dieter Müller und ich rein, und wir haben noch 4:2 gewonnen *(drei Tore Müller, eins Flohe, B.I.)*. Trotzdem saß ich im Endspiel anfangs wieder auf der Bank!

Uli Hoeneß hat dann ja auch den entscheidenden Elfer versemmelt.
Der Schön wusste noch nicht mal, dass nach der Verlängerung ein Elfmeterschießen vorgesehen war. Am Ende fehlte einer, da sagt der Maier: »Ich schieße«, und der Franz: »Schleich dich bloß!« Ich bin mir sicher, der Maier hätte ihn reingetan. Aber den Ball vom Hoeneß dann, den söken se hück noch. *(lacht)*

Welche Spieler gefallen Ihnen denn heutzutage?
Also in Deutschland wird's schon schwer. Wayne Rooney finde ich gut, das
ist ein echtes Original. Am Wochenende sehe ich mir immer die englische
Liga an. Da wird der beste Fußball gespielt.

Gehen Sie noch manchmal ins Kölner Stadion?
Sehr selten, mir gefällt die Spielweise nicht. Wenn der Trainer zum Libero
sagt, du spielst heute Mittelstürmer, und dann operiert er nur mit langen
Bällen, die irgendwohin geköpft werden – das ist nicht mein Fußball.

*Längst sitzen Flohes Freunde mit am Tisch. Als ich endlich das Band abschalte,
gehen sofort die Gespräche los: Wie woret noch jestern? Häste evvens dat Spill
jesinn? Zum Abschied schüttele ich ihm die Hand und frage, wie viele Interviews er zum 30. Doublejahr noch geben wird. »Keins«, sagt er. In seiner
Stimme schwingt Erleichterung mit.*

 *April 2008*

Heinz Flohe,
Spitzname »Flocke«, wurde am 28. Januar 1948 in Euskirchen geboren. Der Fußball-Weltmeister von 1974 (39
Einsätze in der Nationalmannschaft) begann seine Karriere beim TSV Euskirchen, bevor
er 1966 zum 1. FC Köln wechselte. Bis 1979 absolvierte er 329 Bundesligaspiele für den
FC und schoss dabei 77 Tore. In dieser Zeit gewann der Verein dreimal den DFB-Pokal,
1978 führte der Mittelfeldregisseur die Mannschaft zum Double. Flohe lebt wie eh und
je in Euskirchen und engagiert sich als Berater für den TSV.

»Ich lese am liebsten Aristoteles«

Christiane Woopen | Medizin-Ethikerin

Das Institut für Geschichte und Ethik der Medizin residiert in einem geduck-
ten, lang gestreckten Bau an der Joseph-Stelzmann-Straße in Lindenthal. Die
Zimmer sind so klein wie die Fenster und machen ganz den Eindruck von
Klosterzellen. Christiane Woopen hat hier kein eigenes Büro, wegen ihrer Kin-
der arbeitet sie zu Hause.

Sie haben vier Töchter. Hilft Ihnen die Ethik bei der Erziehung?
Manchmal schon. Es ist aber auch andersherum: Wer vier Kinder erzieht,
hat zur Ethik einen anderen Zugang.

Wie erklären Sie Ihren Kindern, dass zu viel Fernsehen, zu viele Süßigkei-
ten schlecht sind?
Dafür muss man nicht wissenschaftlich reflektieren. Ich glaube, Erziehung
sollte nicht allzu moralingetränkt sein, sondern pragmatisch. Dass zu viel
Süßes schadet, ist einfach zu begründen, indem man die Folgen des Kon-
sums aufzeigt.

Aber Maßhalten ist doch wiederum eine ethische Einheit.

Deswegen neige ich auch eher zu tugendethischen Ansätzen als zu reinen Folgeabwägungen. Tugendhaftigkeit besteht darin, zwischen zwei Lastern wie zum Beispiel Geiz oder Verschwendungssucht eine geeignete Mitte wie die Großzügigkeit zu finden. Extreme Positionen – gar nichts Süßes, kein Fernsehen – sind selten der richtige Weg.

Was halten Sie auf diesem Hintergrund von der Sendung »Deutschland sucht den Superstar«?

Das ist natürlich Gesprächsthema in der Schule, auch bei meinen Kindern. Insofern verbiete ich es ihnen nicht komplett. Aber mir würde auch nichts fehlen, wenn es ein solches Sendeformat erst gar nicht gäbe.

»Extreme Positionen sind selten der richtige Weg«

Warum?
Weil dort kein gutes Vorbild abgegeben wird für die Umgangsformen miteinander.

Was wird denn dort als erstrebenswert präsentiert?
Rücksichtslos miteinander umzugehen, sich zum Objekt der Medienmaschinerie zu machen, um berühmt zu werden und möglichst viel Geld zu verdienen – und das mit der Folge, dass öffentliche Aufmerksamkeit verwechselt wird mit persönlicher Wertschätzung und Bedeutung.

Ein Wort, das Sie häufig benutzen, ist »Argumentationshygiene«. Was meinen Sie damit?
(lacht) Ich verlange von meinen Studenten, dass sie ihre Überzeugungen argumentativ abstützen und nicht versuchen, sie über Macht oder Manipulation an den Mann zu bringen. Argumentationshygiene bedeutet, eine These so weit wie möglich zu begründen und auch Gegenargumente in angemessener Weise zu würdigen.

Christiane Woopen wägt jedes ihrer Worte genau ab. Wenn sie das Gefühl hat, ihren Gedanken nicht optimal präsentiert zu haben, setzt sie neu an. Auch die Druckform dieses Interviews wurde von ihr bis ins Detail überarbeitet.

Man liest immer wieder, die Jugend sei nur noch karriereorientiert. Eine typische Studentenfrage sei: Ist das überhaupt prüfungsrelevant?
Ja, genau. Ich habe oft das Gefühl, dass jeder meiner Sätze daraufhin gescreent wird, ob er für die nächste Prüfung von Bedeutung ist oder nicht.

Wie arbeiten Sie dagegen an?
Indem ich deutlich zum Ausdruck bringe, dass ich eine andere, tiefer gehende Art bevorzuge bei der Beschäftigung mit geisteswissenschaftlichen Inhalten und lebensrelevanten Fragestellungen. Wenn ich nur einlinig auf ein Ziel zulaufe, dann habe ich später gar keinen Fundus, aus dem ich schöpfen kann, kein Material für Kreativität. Dann ist mein Handeln ausschließlich der Effizienz und Zweckrationalität unterworfen, und das halte ich für schädlich.

Stellen Sie im universitären Bereich weitere Veränderungen fest?
Was sich nach meinem Erleben verändert hat, sind der Bildungsstand und die sprachlichen Fähigkeiten, mit denen die Schüler auf die Universität kommen. Die Klausuren bei mir sollen noch aus ganzen Sätzen bestehen, da wird nicht nur angekreuzt. Und da wundere ich mich schon manchmal über das, was ich zu lesen bekomme.

Also läuft schon während der Schulzeit manches falsch?
Was mir sehr leidtut, ist, dass es für Kinder kaum mehr Orte der Ruhe gibt. Die Zeit wird sehr eng getaktet und darüber hinaus zugedröhnt mit Telefonieren, Musik oder Computerspielen, damit man bloß nicht in diesen stillen Raum kommt, wo man nur mit sich selbst ist, wo man nachdenken muss und wo womöglich Fragen aufkommen, die einem im ersten Moment unbequem erscheinen.

> **»Es gibt für Kinder kaum mehr Orte der Ruhe«**

Haben Sie einen Lieblingsphilosophen, der Ihnen hin und wieder die Hand gibt?
Ich lese am liebsten Aristoteles, weil er sehr klug, ausgewogen und immer nah am Leben schreibt – über Dinge wie Freundschaft beispielsweise.

Wie erklären Sie Aristoteles' ethische Maxime?

Seine Grundauffassung ist es, dass die Natur sich aus sich heraus entfaltet und in sich schon eine Art von Endgestalt trägt. Die Aufgabe des Menschen sei es, seine Anlagen zur vollen Entfaltung zu bringen, und dazu gehört dann eben nicht nur die Vernunft, sondern gehören genauso die Emotionen, die Leidenschaften, die Leiblichkeit. Dieses ganzheitliche Menschenbild

und Handlungsverständnis schätze ich sehr, es ist der Entfaltung des Menschen zuträglich.

Der Poststrukturalismus der 1980er Jahre sprach dem Ich genauso die Souveränität ab wie viele zeitgenössische Hirnforscher, die behaupten, der freie Wille generiere sich letztlich nur aus einer Folge von unbewussten Neuronengewittern.

Das ist die Determinismusdebatte: ob man überhaupt für das verantwortlich gemacht werden kann, was man tut. Aber dann müssen wir uns über Ethik gar nicht mehr unterhalten, dann gibt es kein Gut und Böse mehr und keine Verantwortlichkeit.

Das Thema bildet seit Jahren den großen Streitpunkt zwischen Philosophen und Biologen. Frau Woopen weist meinen Einwurf, auf diesen Stoff reagiere sie ein bisschen allergisch, zurück. Ausgesehen hat es aber trotzdem so!

Sie waren gerade auf der ersten Tagung des Deutschen Ethikrates. Was reizt Sie an diesem Gremium?
Mir macht es großen Spaß, und ich finde es sinnvoll, die Dinge, die ich bei meinen wissenschaftlichen Studien herausfinde, auch in den politischen Diskurs einzubringen. Ich habe das Glück, dass sich einige Themen des Ethikrates mit meiner fachwissenschaftlichen Arbeit decken.

Sie haben sich mit Präfertilisations- und Präimplantationsdiagnostik beschäftigt. Nebenbei: Können Sie das dreimal hintereinander aussprechen?
(lacht) Ja, das kann ich. Wir können auch »Der Kaplan klebt Pappplakate« spielen.

Ab wann ist denn ein Zellhaufen ein Mensch?
Dazu gibt es unterschiedliche Überzeugungen. Es kommt darauf an, welche Kriterien man anlegt, um von einem Menschen im Vollsinn des Wortes zu sprechen. Also: Geht es nur um die genetische Ausstattung? Oder geht es

um weitere biologische Kriterien für Lebewesen wie Formbildung, Eigenständigkeit, Fortpflanzungsfähigkeit, Individualität im Sinne von Unteilbarkeit? Wieder andere Auffassungen setzen erst bei der Entwicklung von Bewusstsein oder Schmerzempfindlichkeit an, also in einem recht späten Stadium. Die sind allerdings in Deutschland kaum diskussionsfähig.

Gibt es in der Ethik eigentlich einfache Antworten?
Nein, glücklicherweise nicht!

Christiane Woopen lacht bei dieser Erwiderung. Vielleicht aus Freude darüber, dass hier möglich war, was die Argumentationshygiene ihr ansonsten verweigert: eine ganz einfache Antwort zu geben.

 *Mai 2008*

Nachtrag: Christiane Woopen fungiert auch im Jahr 2010 noch als stellvertretende Vorsitzende des Deutschen Ethikrates. An DSDS beißt sich jede ethische Argumentation noch immer die Zähne aus. Die umstrittene Castingshow blickt mittlerweile auf sieben Staffeln zurück.

Christiane Woopen,

geboren 1962, studierte Medizin an der Universität zu Köln, 1995 schloss sie zudem ein Studium der Philosophie ab. Seit 1998 ist sie wissenschaftliche Mitarbeiterin am Institut für Geschichte und Ethik der Medizin. 2001 wurde sie in den vom damaligen Kanzler Gerhard Schröder initiierten Nationalen Ethikrat berufen. Mit der Umbenennung in »Deutscher Ethikrat« wandelte sich das Gremium im Jahr 2008 von der reinen Kanzlerrunde zum legitimierten Beratungsmedium für Bundestag und Bundesrat. Diskutiert werden dort vor allem Fragen der modernen Bio- und Gentechnologie. In ihrer konstituierenden Sitzung im April 2008 wählten die 26 Experten Frau Woopen zur stellvertretenden Vorsitzenden.

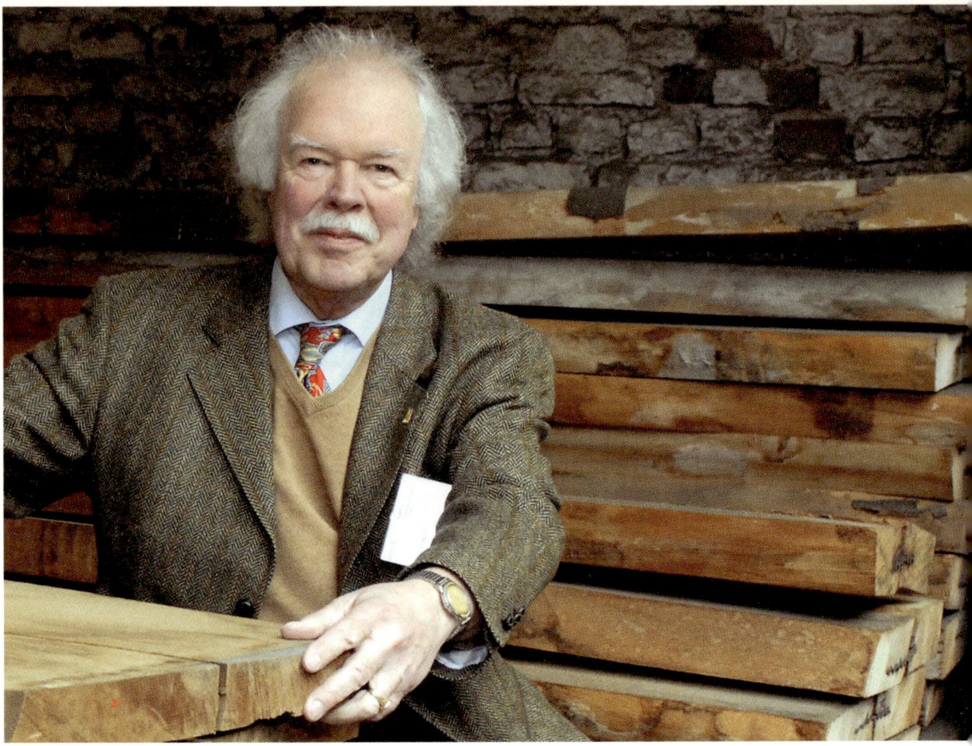

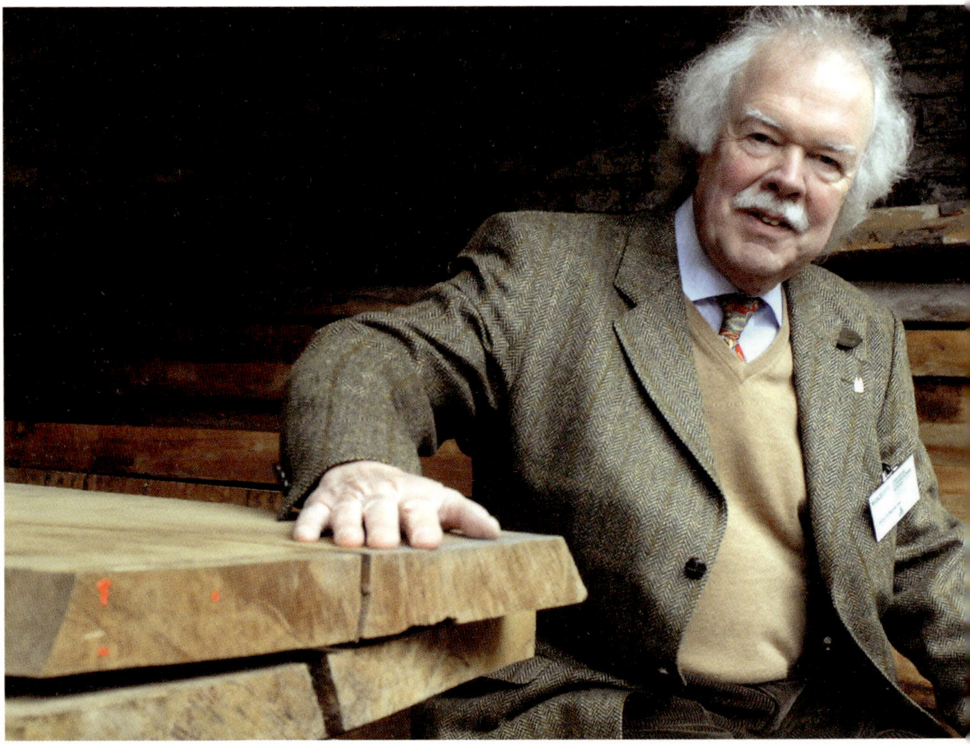

»Do litt ene Dude!«

Wiljo Schumacher | Holzhändler

Bevor unser Gespräch beginnt, führt mich Wiljo Schumacher durch sein Museum. Keine Ecke, keine Mauer dieses Grundstücks, die nicht etwas über die Geschichte der Südstadt zu erzählen hätte. Schumacher referiert dabei ebenso fachkundig wie begeistert-begeisternd. Danach begeben wir uns in seinen museal eingerichteten Büroraum.

Fast 180 Jahre Holzhandel in sechster Generation. Wie sah es hier um 1830 aus?
Unsere Holzhandlung befand sich zu der Zeit unten am Rhein, weil das Holz noch per Floß kam. Hier an der Landsbergstraße war das Kloster Sion abgerissen worden, möglicherweise wurde hier gerade die Zuckerfabrik gebaut. Erst als Köln von der Eisenbahn erschlossen wurde, wechselte die Holzhandlung auf die Severinstraße und dann 1910 schließlich hierhin.

Gibt es in Ihrem Büro Gegenstände, die schon der Firmengründer, also Ihr Ururgroßvater benutzt hat?

Ja, natürlich! *(Schumacher wechselt zu einer der Ausstellungsvitrinen.)* Nehmen wir diesen Hammer, damit wurde das Holz bei der Übernahme im Sägewerk angeschlagen. Der Hammer hinterlässt die Initialen TS, für Theodor Schumacher. Heute geht man da mit Kreide drauf oder mit der Sprühdose.

»Ich bereise nur das römische Imperium«

Lag der Beruf des Holzhändlers in Ihrer Wiege?
Ich hätte auch Archäologe oder Kunsthistoriker werden können. Deshalb war ich auch auf einem humanistischen Gymnasium und hatte Latein und Griechisch als Abiturfächer. Aber die Materie Holz hat mich genauso begeistert. Eine Holzhandlung kann man, im Gegensatz zur Kunstgeschichte, nicht nebenbei machen, habe ich mir damals gesagt. Deshalb habe ich also Holzwirtschaft studiert und die Kunstgeschichte seitdem immer so intensiv wie möglich nebenher betrieben.

Was bedeutet das konkret?
Dass ich zum Beispiel Reisen unternehme nach Frankreich, Spanien, Italien – überall dorthin, wo die Römer waren. Ich sage immer: Ich habe keine Zeit für Bali oder Thailand, ich bereise nur das römische Imperium *(lacht)*. Und ich habe durchaus noch viel zu tun. Ich war noch nie in Israel oder Jordanien, und mir fehlen weite Teile der Türkei.

Was ist das Faszinierende an Holz?
Dass es ein nachwachsender Baustoff ist und dass dieser schon immer in der Geschichte von Bedeutung war. Die Römer benötigten Unmengen Holz. Oder sehen Sie sich den berühmten Woensam-Prospekt von Köln an: ein für den Holzbau sehr aufschlussreiches Bild!

Die »Große Ansicht von Köln« von Anton Woensam (1492–1541) stammt aus dem Jahr 1531. Der überaus detailreiche Holzschnitt ist 3,48 Meter lang und 0,61 Meter hoch. Eine Grafik des Werks ist im Kölner Stadtmuseum zu besichtigen, eine Kopie in Originalgröße im Museum Schumacher.

Haben Sie ein Lieblingsholz?

Die Eiche. Nicht weil dies der treudeutsche Baum ist, sondern weil Eichenholz für fast alle Zwecke ideal ist. Ein Hartholz, sehr unkompliziert, kratzunempfindlich als Fußboden und auch im Außenbereich einsetzbar.

Eiche riecht bei der Verarbeitung recht seltsam.
Das ist die Lohe, die Gerbsäure, die da drinsteckt. Das ist ein besonderer Duft, finde ich. Wenn Sie manche Exoten aufschneiden, wie sie früher gehandelt wurden: Das stinkt dann, auf gut Deutsch, oft nach Katzenscheiße.

Ist Holz krisenfest?
Der Werkstoff an sich schon, aber der Absatz des Holzes unterliegt natürlich der Konjunktur. Nehmen Sie allein das Holz für industrielle Verpackungen, für Kisten zum Export etwa: Das ist seit dem Sommer 2008 sehr stark eingebrochen.

Sie haben der Stadt mal ein Angebot zur Renovierung der kleinen Holzbrücke am Aachener Weiher gemacht. Wie lautete das?
Dass wir das ursprüngliche Bongossiholz zum nachgewiesenen Selbstkostenpreis liefern.

> »Das ist ein besonderer Duft«

Das im japanischen Brückenbau beliebte Bongossi gilt als nahezu unverwüstlich. Das ursprüngliche Holz war jedoch mit Hilfe eines korrupten Beamten durch weniger resistente Hölzer ersetzt worden. Stets hatte die immergleiche Firma eine limitierte Anzahl von Bohlen ausgewechselt, sodass der Auftrag niedrig genug blieb, um von dem immergleichen Sachbearbeiter vergeben werden zu können.

Was war die Motivation dafür?
Dass zu einem ostasiatischen Museum eine Holzbrücke gehört und keine aus Stahl und Beton, wie das Brückenamt es geplant hatte. Hier handelt es sich schließlich um eine kulturelle Einheit, das kapieren nur viele heutzutage nicht mehr. Um denen das schmackhaft zu machen, habe ich mir gesagt: So, jetzt haust du denen dieses Angebot hin, dann machen die auch mal voran.

Haben Sie danach irgendetwas gehört vom Brückenamt?
Nein.

Sie engagieren sich nicht nur als Brückenretter, sondern auch als Leiter eines Privatmuseums. Wie kam es dazu?

Mein kunsthistorisches Interesse war immer schon geschärft. Mit meinem Vater bin ich schon als Kind ins Museum gegangen, sonntags morgens nach der Kirche.

Haben Sie damals auch schon Steine gesammelt und geputzt?

Ja, klar. 1956 war ich in der ersten Sexta am neu erbauten Friedrich-Wilhelm-Gymnasium. Damals war hier noch alles platt, da ging man praktisch nur über Scherben. Da bin ich nach der Schule rum, mit dem Einkaufsnetz, und habe gesammelt. Und zu Hause wurde das dann nummeriert und katalogisiert.

> »Damals ging man praktisch nur über Scherben«

Und als Holzhändler haben Sie das fortgesetzt.

Als hier 2002 die Halle gebaut wurde, war ich in den Fundamentlöchern und habe gestöbert. Und meine Bauarbeiter waren auch geimpft: »Wenn ihr was findet, ich bin im Büro«, habe ich denen gesagt. Und am zweiten Tag kam auch schon einer: »Herr Schumacher, mir han Knoche jefunge, do litt ene Dude!« Und abends haben meine Frau und ich das hier alles geschrubbt und gesäubert.

Das aus vielen Einzelknochen zusammengesetzte Skelett eines Römers liegt inzwischen in einer freigelassenen Ecke des Holzlagers. Schumacher hat den Toten mitsamt einigen typischen Grabbeigaben unter eine Glasplatte betten lassen.

Was ist Ihr wertvollstes Fundstück?

Das ist ein römisches Weinkrüglein mit der Aufschrift VIVAS – Du mögest leben! Ganz dünnwandig, aus rotem Ton und schwarz gefirnisst. Das wurde bemalt mit weißem Tonschlamm und einer roten Farbe. Von der Art her deutet alles darauf hin, dass es in Trier hergestellt wurde.

Sie arbeiten mit Ihrem Museum auch die Geschichte der Kölner Südstadt auf, die sich in den letzten 20 Jahren rapide verändert hat. Gefällt sie Ihnen noch, die Südstadt?

Die Südstadt oder richtiger: die Altstadt-Süd verändert sich seit 2000 Jahren ständig! Denken Sie an die Industrialisierung im 19. Jahrhundert, als unter anderem die Stollwerck-Schokoladenfabrik hier aufmachte. Oder wie heutzutage der Rheinauhafen umgekrempelt wird. Ich sehe diese Entwicklungen durchaus positiv, das wird hier alles sehr schön zusammenwachsen.

Das Interview ist beendet, die Führung geht weiter. Wiljo Schumacher holt noch einen Stich von 1632 hervor, den er vor Kurzem erworben hat. Er zeigt eine Stadtansicht von Meißen an der Elbe und vor allem: eine schöne, komplett überdachte Brücke. Aus Holz natürlich.

Februar 2009

Wiljo Schumacher,

geboren 1945, führt zusammen mit Kai Cording die Holzhandlung Holzcity in der Südstadt. Gegründet wurde das Unternehmen 1830 von seinem Ururgroßvater Theodor. Animiert durch zahlreiche Funde auf seinem Grundstück an der Achter- und Landsbergstraße, hat der passionierte Kunsthistoriker Schumacher über die Jahre ein kleines, feines Privatmuseum aufgebaut. Vasen, Urkunden und ein komplettes Skelett dokumentieren 2000 Jahre Geschichte im Vringsveedel. Weitere Informationen unter www.holzcity.de.

»Ich interessiere mich für destruktive Elemente«

Marie T. Martin | Schriftstellerin

»Ich werde Rosa tragen«, hatte sie am Telefon gesagt. Und tatsächlich, als sie das Hallmackenreuther am Brüsseler Platz betritt, sind Jacke, Mütze und Ohrringe so pink wie der Panther. »Meinen Sie das ernst?«, frage ich. »Ja«, sagt Marie T. Martin.

Sie haben zuletzt drei Preise eingeheimst. Sind Sie jetzt berühmt?
Nein, natürlich nicht, ich habe ja keinen Bestseller geschrieben. Außerdem geht es nicht darum, berühmt zu werden, dafür sollte man zum Fernsehen gehen. Beim Schreiben verhandelt man innere Zustände, da orientiert man sich woanders. Trotzdem möchte man – welch Widerspruch – Erfolg haben und muss sich irgendwie auch darstellen.

Wie stellen Sie sich denn dar?
Tja. Überhaupt nicht, glaube ich. Selbstdarstellung interessiert mich nicht, ich weiß allerdings, dass das ein Fehler ist. Ich interessiere mich für meine Texte und dafür, dass ich mein Schreiben weiterentwickele.

Sie haben am Deutschen Literaturinstitut in Leipzig studiert. Gibt es da keine Kurse für den Umgang mit den Medien?

Nö. Ich finde es immer lustig, was die Leute sich unter dem Literaturstudium dort vorstellen. Das Institut hat ja bekanntlich einen beschissenen Ruf. Wer da war, bekommt sofort diesen Stempel, dass da alle gleich schreiben und so weiter. Aber das sagen oft Leute, die nie Bücher von Absolventen gelesen haben.

»Wenn man grottig liest, hat niemand Spaß daran«

Das Deutsche Literaturinstitut existiert seit 1995 und bietet den deutschlandweit einzigen Studiengang für literarisches Schreiben. Trotz erfolgreicher Absolventen wie Kerstin Hensel oder Clemens Meyer wird es von vielen Literaturlobbyisten mit einer gewissen Skepsis betrachtet.

Studiert man in Leipzig auch Literaturgeschichte?

Kaum. Es geht vor allem darum, einen kritischeren, objektiveren Blick auf die eigenen Texte zu bekommen. Nicht schlecht wäre aber auch ein vernünftiges Sprechtraining: Man macht ja auch Lesungen, und wenn man grottig liest, hat niemand Spaß daran.

Lesen Sie gern öffentlich?

Inzwischen schon. Ich habe mich lange schwergetan mit Lesungen, ich habe mich übergeben vor Aufregung. Aber das ist besser geworden. Es kann wirklich großen Spaß machen, vor allem, wenn man mit Musikern auftritt.

Sie stammen aus dem Schwarzwald. Haben Sie auf Lesungen anfangs Badisch gesprochen?

Nein, das wäre natürlich hart. Aber meine Eltern kommen beide nicht von dort, wir waren nur »Nei'gschmeckte«, also Zugezogene. Ich konnte den Dialekt nie, während alle anderen bei uns auf dem Dorf Badisch gesprochen haben. Und Fernseher hatten wir auch keinen, das war also Isolation pur.

Zumal Sie sich auch noch für so einen Unsinn wie Literatur interessiert haben.

Genau. Meine Mitschüler haben die Bravo gelesen und für David Hasselhoff geschwärmt, ich eher für die Odyssee und die Ritter der Tafelrunde. Da konnte ich nicht mal eben fragen: Hey, habt Ihr vielleicht Bock, in der großen Pause nach dem Heiligen Gral zu suchen?

Sind David Hasselhoff und König Artus nicht durchaus vergleichbar?
(lacht) Ja, was die Verehrung angeht, schon. Ich wollte damit nur sagen, dass ich sehr in meiner eigenen Welt gelebt habe.

Ihre Welt ist inzwischen größer geworden. Bekommt man die 10.000 Euro für den Brinkmann-Preis komplett im Vorhinein oder in monatlichen Raten?
Alles auf einen Schlag.

Können Sie mit Geld umgehen?
Meine Geschwister haben mich immer Onkel Dagobert genannt. Das kommt, glaube ich, daher, dass der Rest meiner Familie nicht besonders gut wirtschaften kann, das sind alles eher Chaoten in der Hinsicht. Und da lernt man dann allein schon aus Panik, sparsam zu sein.

Das Croissant auf Ihrem Teller wäre in der Bäckerei billiger als hier.
Ja, das stimmt. Aber ich bin durchaus auch ein genießerischer Mensch.

Ein hedonistischer Dagobert?
Genau! Ich habe zwar immer materielle Ängste, aber ich weiß auch alles zu schätzen, was schön und angenehm ist.

Welchen Luxus leisten Sie sich regelmäßig?
(überlegt länger) Ich esse gerne gut und ich kaufe mir bei »rock-it-baby« in Ehrenfeld hin und wieder gern einen Rock.

Schreibt man mit Preisen im Rücken flüssiger oder stockender?
Stockender. Bei mir schwappt so was immer schnell ins Negative. Wenn ich einen Preis bekomme, kann ich mich nicht einfach nur freuen, sondern denke sofort auch: Zeig, dass du das verdient hast!

Hat das etwas mit schlechtem Gewissen, mit Versagensängsten zu tun?
Tja, ich leide wohl an Überreflexion. Wie ich mich selbst ständig beobachte, muss ich auch alles um mich herum permanent neu beleuchten und bewerten. Und ich lege meine Maßstäbe immer sehr hoch an und frage

mich immer, was man noch besser machen kann. Mit so einer Herangehensweise ist es schwer, zufrieden zu sein.

Wenn ich Ihre Texte lese, fällt eine Kurzcharakterisierung so aus: Viele schöne Stimmungen, viele schöne Bilder und Phänomene, aber irgendwann bricht unweigerlich Gewalt aus.
Das stimmt!

Warum ist das so?
Stimmungen sind mir wichtiger als Handlungsstränge, Zustände sind mir wichtiger als Spannung im Sinne von Thrill. Ich interessiere mich für destruktive Elemente, ob in der Psyche der Person angelegt oder von außen kommend.

Zugleich haben Ihre Geschichten häufig einen Zug ins Absurde. Ist das auch ein Faible von Ihnen?
Ja, schon immer gewesen. Ich habe schon als Kind immer absurd geträumt. Fast alle diese kurzen Texte entstehen aufgrund irgendeiner Alltagsbeobachtung, die ich dann einfach weiterdrehe, ins Absurde hinein.

Was ist denn hier im Café jetzt gerade absurd?
Der Typ in dem Müllmannanzug zum Beispiel. Könnte man auch eine Miniatur draus machen: Ein Müllmann, der hier reinkommt und alles abräumt.

Ist das Absurde nicht auch ein Ausdruck von Weltflucht?
Ja, ich bin wirklich niemand, der sich in der sogenannten Realität wohlfühlt.

In den deutschen Literaturmagazinen dominieren gerade die Texte von Autoren aus Ex-Jugoslawien. Da lese man existenzielle Erfahrungen heraus, heißt es. Würden Sie lieber in einem Krisengebiet leben?
Es ist, böse gesagt, tatsächlich so, dass man bei solch einer Herkunft von vornherein attestiert bekommt, man habe mehr zu sagen als jemand aus Westeuropa. Das ist ein bisschen ungerecht. Als deutsches Wohlstandskind hat man keine Probleme und von daher auch schriftstellerisch nichts zu sagen. Existenzielle Sorgen seien der Langeweile geschuldet, wird einem unterstellt. Aber dieses Gerede ist mir wurscht, ich habe meine Themen, und denen widme ich mich.

Es geht doch sowieso immer um Liebe und Hass.
Ja, und um Vergänglichkeit und Tod. Nichts geht an der Tatsache vorbei, dass sich alles stetig verändert und dass alles endlich ist. Die Intensität der Wahrnehmung ist in einem Krisengebiet sicherlich anders wegen der Bedrohung. Aber ich bin ehrlich gesagt recht dankbar für mein relativ behütetes Leben hier.

Wie war es denn als Dorfschreiberin in Eisenbach?
Herrlich. Ich habe dort drei Monate auf einem Bauernhof verbracht, in einem lang gezogenen Tal nur mit Wiesen und Kühen. Und ich habe viele Projekte mit Kindern gemacht, das möchte ich hier im Sinne von Workshops weiterführen.

Im Interview mit der Dorfzeitung wurden Sie gefragt, was Ihnen dort am besten gefallen habe. Sie haben daraufhin drei Ruhebänke mit Aussicht aufgezählt. Wie würde Ihre Antwort in Köln ausfallen?
Eine Bank wäre sicherlich auch dabei, wenn auch an einem ganz anderen Ort: die Fensterbank in der Tausendbar auf der Aachener mit Blick auf die Ampelkreuzung. Und dann käme der Rosengarten im Agnesviertel.

Zwei Tage später schicke ich Marie T. Martin das getippte Interview zur Autorisierung. Als Antwort bekomme ich eine Miniatur, einen Kürzesttext über einen Müllmann im Café. Er fegt Krümel vom Tisch und nimmt Worte weg.

 *Februar 2009*

Marie T. Martin,

geboren 1982, stammt aus einem Dorf bei Freiburg im Schwarzwald. Nach dem Abitur studierte sie am Deutschen Literaturinstitut in Leipzig. Nachdem man ihr 2007 den Förderpreis des MDR-Literaturwettbewerbs zugesprochen hatte, wurde sie im Frühjahr 2008 die erste Dorfschreiberin von Eisenbach im Breisgau. Im selben Jahr erhielt sie den mit 10.000 Euro dotierten Rolf-Dieter-Brinkmann-Preis der Stadt Köln. Die Schriftstellerin wohnt seit 2005 in Ehrenfeld. Veröffentlichungen u. a.: »Flugobjekte«, Heftreihe beim Verlag Onkel & Onkel.

»Der Porzer Karneval ist vollkommen unabhängig«

Manfred Zimmer | Karnevalspräsident

Zunächst muss ich lernen: Mit einem Karnevalspräsidenten setzt man sich nicht einfach hin und beginnt ein Gespräch. Nein, erst einmal überreicht mir Manfred Zimmer den Orden seines Vereins. Eine noble Geste, die dem Interview eine Art höherer Weihe verleiht.

Ihre Lieblingsgetränke seien Wasser und Kaffee, schreiben Sie auf Ihrer Vereinshomepage. Darf man so etwas als Karnevalspräsident überhaupt sagen?
Ich bin einem leckeren Kölsch nicht abgeneigt. Aber vor und während unserer Veranstaltungen trinke ich grundsätzlich nichts.

Warum?
Ich möchte immer den Überblick behalten.

Sind Sie so auch im richtigen Leben?
Ich denke schon. In einem Verein wie unserem, mit 268 Mitgliedern, gibt

es unglaublich viele Anlässe, ein Bier zu trinken. Und nach 30 Jahren könnte man denken: Da hat man eine gewisse Routine und leitet so eine Karnevalssitzung mit links. Das ist bei mir aber nicht der Fall. Ich habe vor jeder Sitzung so was von Lampenfieber! Ich möchte, dass unsere Veranstaltungen optimal ablaufen, und deshalb trinke ich da kein Kölsch.

»Das war früher eine echte Werks-KG«

Auch nicht bei der Herrensitzung?
Nein.

Obwohl so mancher mit einer Herrensitzung betrunkene Männer und halb nackte Frauen verbindet?
Für manche Veranstaltungen mag das zutreffen. Aber wir organisieren jetzt seit 27 Jahren eine Herrensitzung, und die wird vor allem von Stammpublikum besucht. Wenn das bei uns irgendwie chaotisch ablaufen würde, hätten wir auch nicht solche Spitzenkräfte auf der Bühne. Der Micky Brühl von den Paveiern sagt mir jedes Jahr: Ihr habt ja ein Wahnsinns-Publikum. Und deshalb kommen die immer gern wieder. Unsere diesjährige Herrensitzung lief an einem Samstag, und den Mittwoch darauf waren wir schon wieder ausverkauft fürs nächste Jahr. So schlecht kann die also nicht sein.

Vor Ihnen war ein anderer Mann namens Zimmer für 26 Jahre Präsident der Porzer Ehrengarde. Waren Sie mit dem verwandt?
Ja, das war mein Vater. Die KG ist 1950 von Mitarbeitern der Rheinischen Ziehglas AG gegründet worden, als Grön-Wieße Rezag. In Porz gab es nach dem Krieg zwei große Glaswerke: die Germania und eben die Rezag. Mein Vater war damals Gründungsmitglied und ist 1952 Präsident geworden. Und bei der Rezag war er bis zu seinem Tod Betriebsratsvorsitzender.

Und Sie haben dann auch dort angefangen?
Ja, 1965 und bis zu meiner Pensionierung. Und dann war es natürlich naheliegend, dass ich auch in die KG eintrat.

Die Porzer Glaswerke lagen immer unmittelbar nebeneinander. Sie sind inzwischen aufgegangen in den St.-Gobain-Glaswerken, einem französischen Unternehmen.

Wie verlief Ihre Karnevalistenkarriere?
Nun ja, wie es so üblich ist, habe ich als Schriftführer angefangen …

Dazu werden immer die Neuen verdonnert, nehme ich an.
Genau. Wobei es bei uns immer sehr familiär zuging. Unser Veranstaltungssaal war zum Beispiel die Werkskantine, dadurch hingen wir immer sehr eng zusammen, das war früher eine echte Werks-KG. Natürlich haben wir auch heute noch Mitglieder, die bei St. Gobain arbeiten. Aber inzwischen ist das ein Karnevalsverein für alle Porzer.

Es gibt Schützenvereine, die keine Moslems aufnehmen. Kommen bei Ihnen auch nur Christen herein?
Nein, nein. Ein Karnevalsverein ist offen für alle.

»Eimol Prinz ze sin …«, davon träumt jeder Kölsche. Ihnen ist es gelungen.
Ja, ich war 1975 Bauer im Porzer Dreigestirn, und 1990 war ich der Prinz. Jede Porzer KG stellt jeweils zu ihren Jubiläen das Porzer Dreigestirn.

Ich finde interessant, dass das Porz-intern geregelt wird. Die Stadt ist doch 1975 eingemeindet worden. Unterstehen Sie keiner Kölner Knute?
Der Porzer Karneval ist vollkommen eigenständig und unabhängig von Köln! Wir haben hier einen eigenen Festausschuss Porzer Karneval, und unter diesem Dach gibt es fast 30 Gesellschaften.

Wie wichtig ist Ihnen diese Unabhängigkeit?
Mir ist das sehr, sehr wichtig, genau wie früher meinem Vater. Wir versuchen unseren Porzer Karneval hochzuhalten, da lasse ich nichts drauf kommen. Mit unseren Tanzkorps und sonstigen Gruppen stellen wir etwas dar, wir können uns sehen lassen.

Aber die grön-wieße Rezag gehört doch schon dem Festkomitee Kölner Karneval an, oder?
Nein, das tun wir nicht. Wir sind Mitglied unterm obersten Dach, dem Bund Deutscher Karneval. Aber weil Porz zu Bergisch-Gladbach gehörte, gehören wir zum Rhein-Bergischen Verband, nicht zum Kölner.

Sie sind schon Porzer aus Überzeugung.
Ja. Ich wohne in Zündorf, die ganze Familie ist hier, wir haben ein Häuschen. In der Groov betreibe ich seit 25 Jahren die Minigolfanlage, und wenn

ich auf der Straße unterwegs bin, kenne ich die Leute. Das ist Zündorf, das sind alles Dinge, in denen mein Herzblut steckt.

Aus Manfred Zimmer spricht der Lokalpatriotismus vieler gebürtiger Porzer. Sie sagen es nicht laut, aber man hat bei ihnen stets den Eindruck, dass sie die Eingemeindung von 1975 gerne eher heute als morgen rückgängig machen würden. Köln, das ist die Stadt auf der anderen Seite des Flusses.

Als Präsident von 268 Mitgliedern braucht man nicht nur Herzblut, sondern vor allem Zeit, nehme ich an.

Allerdings! Unser Kindertanzkorps besteht aus 32 Pänz, wir haben 40 Husaren, dann die Rezag-Girls und die Fidelen Mütter. Wenn Sie das mal zusammenzählen, kommen Sie auf über 100 Personen, die wir durchgehend betreuen, sei es beim Training oder bei Zusammenkünften und sonstigen Veranstaltungen. Und im Gegensatz zu anderen Gesellschaften braucht bei uns niemand seine Uniform zu bezahlen. Das wird alles vom Verein gestellt.

Stoßen Sie manchmal an Ihre Grenzen?
Nein, wir hatten hier immer Mannschaften, die alles Anstehende bewältigt haben. Gut, es gibt natürlich immer Momente, wo es einem mal gerade reicht. Aber wenn man gute Freunde um sich herum hat, dann klappt das schon.

Sie haben eine Tochter und einen Sohn, nächstes Jahr stellen Sie wieder das Porzer Trifolium. Wird Ihr Sohn dann der Prinz?
Er ist zwar sehr aktiv in unserem Husarentanzkorps, aber erst 28. Also noch ein bisschen zu jung. Unsere Tochter hingegen haben wir schon eingebunden, die war 2000 Jungfrau.

In Porz gibt es eine weibliche Jungfrau?
Allerdings, und das war schon immer so. Ich glaube, das erste Porzer Nachkriegsdreigestirn gab es 1948, und auch da war die Juffer schon eine Frau.

Weibliche Jungfrauen hatten ursprünglich die Nazis eingeführt, weil ihnen Männer in Frauenkleidern suspekt waren. Aber auch jenseits dieser homophoben Einstellung kann man die Idee für gut halten. In Köln setzte sie sich nach dem Krieg nicht durch, in Porz schon.

Welche Hoffnungen haben Sie für die Zukunft?
Nun, nächstes Jahr wird die Gesellschaft 60, wir werden wieder das Dreigestirn stellen. Und es stehen Präsidentenwahlen an. Ich möchte gern noch
einmal drei Jahre drauflegen, dann gehe ich auf die 70 zu. Und danach wäre
es natürlich mein größter Wunsch, dass mein Sohn im Jahr 2013 die Fami-
lientradition fortsetzt.

Und was wird dann aus Ihnen?
Ich werde mich sicherlich nicht zurückziehen. Unsere Gesellschaft hat ja
auch einen Senat, da ist wohl noch ein Plätzchen für mich frei.

Apropos Platz: Was macht eigentlich ein Minigolfplatz im Winter?
Im Winter ist Karneval. Da ist die Minigolfanlage zu! *(lacht)*

 *Januar 2009*

Nachtrag: Zum Thema Schützenvereine: Einige Wochen zuvor hatte ich
einen Kölner Schützenkönig interviewt. Das Gespräch streifte auch die Tatsache, dass viele dieser Vereine ausschließlich Christen aufnehmen, also
weder Moslems noch Juden oder Atheisten. Das überraschte mich, und ich
fragte den Schützenkönig, ob er das in Ordnung finde. Fand er! Aber als es
dann ans Autorisieren des Interviews für den Abdruck ging, hatte er sich mit
seinem Vorstand beraten: Ich wurde aufgefordert, die entsprechende Passage
zu streichen.

Manfred Zimmer wurde am 17. Oktober 1943 in Porz geboren.
Nach einer Lehre als Feinmechaniker und einer
Weiterbildung zum Maschinenbautechniker arbeitete er wie sein Vater bei der Rezag, der
Rheinischen Ziehglas AG. 1965 trat er in die Grön-Wieße Rezag KG ein, die bald zur
Porzer Ehrengarde geadelt wurde. 1979 übernahm Zimmer von seinem Vater das Prä-
sidentenamt, 1990 fungierte er als Porzer Karnevalsprinz. Manfred Zimmer ist verhei-
ratet und hat zwei Kinder sowie einen Enkel. Nebenher betreibt er seit 25 Jahren die
Minigolfanlage in der Zündorfer Groov.

»Auf den lieben Gott ist nicht immer Verlass«

Hans Conrad Zander | Journalist und Buchautor

Die sogenannte »Indianersiedlung« in Zollstock entstand Ende der 1920er Jahre als Bauland für arme und kinderreiche Familien. Hans Conrad Zanders Haus stammt noch aus der Gründerzeit des Areals, mit seinem geduckten Flachdach und dem schmucklosen graugrünen Verputz hat es sich seinen improvisierten Charakter weitgehend bewahrt. Der Journalist und Kirchenkritiker wohnt hier seit mittlerweile über 40 Jahren.

Herr Zander, wie sind Sie zu diesem Haus gekommen?
Hier wohnte ein Schweizer Maler, mit dem ich befreundet war. Man musste damals, in den 1960ern, Schweizer sein, um Gefallen an dieser Siedlung zu finden. Die Deutschen waren dafür noch nicht grün genug, die spekulierten alle auf die gediegene Dreizimmerwohnung mit Bad.

Und worauf spekulierten Sie?
Eigentlich war es unter Schweizer Intellektuellen damals üblich, in ein südfranzösisches Dorf zu ziehen. Aber Köln, diese Zollstocker Siedlung hier,

fand ich ungleich spannender. Hier war es wahnsinnig schön, alles war improvisiert, es gab praktisch keinerlei Vorgaben des Bauamts. Während im restlichen Deutschland die furchtbare Klinkerphase begann, wuchs hier alles exotisch und unkontrolliert.

»Das ist eine kulturelle Verarmung«

Stammt der Name »Indianersiedlung« von Ihnen?
Ja. Ich habe auch ein Buch darüber geschrieben: »Minnesota in Köln« heißt es, weil mich das Leben hier sehr stark an eine Reise in ein Indianerreservat eben in Minnesota erinnert hat.

Was zog Sie nach, was hielt Sie nun schon über vierzig Jahre in Köln?
Fasziniert war ich von der rheinischen Lebensart und von der kölschen Sprache. Hinter der Hecke dort hat eine alte Frau gewohnt. Wenn die im Sommer Besuch von ihren Kindern und Enkeln bekam, habe ich im Garten oft stundenlang zugehört. So schön klang das.

Man hört Ihnen bis heute den Schweizer an.
Ich habe nie versucht, selber Kölsch zu sprechen, das fände ich anbiedernd. Aber ich verstehe die Sprache fließend und bedaure ihren Niedergang. Man merkte schon in den 1970er Jahren, dass das Kölsche kaputtging. Da galt es plötzlich als Hindernis für den Schulerfolg der Kinder, wenn zu Hause Kölsch gesprochen wurde. Und heute ist es vorbei: Die Kinder hier können kein Kölsch mehr.

Aber es wird doch, etwa im Karneval, durchaus noch Kölsch gesprochen.
Seine Sprache verloren hat nicht das Kölner Bürgertum, das pflegt noch immer ein rheinisch moduliertes Hochdeutsch – »Kölsch mit Knübbelchen«. Seine Sprache verloren hat das Kölner Proletariat. Das ist eine kulturelle Verarmung der schlimmsten Art.

Hier in Zollstock haben Sie dieses kölsche Proletariat noch kennengelernt?
Mit der Industrialisierung des 19. Jahrhunderts zog das Kölner Gelegenheitsarbeiter-Proletariat in die Südstadt. Während des Zweiten Weltkriegs wurden die ausgebombt, und nicht wenige davon landeten hier in der Siedlung. Es war eine weitherzige und, wie soll ich sagen, zugleich eine schel-

mische Lebensart, die ich durch diese Siedlung und ihre Sprache kennengelernt habe.

Wenn es nach dem Willen der Stadt gegangen wäre, stünden hier jetzt Grabsteine des erweiterten Südfriedhofs statt Häuser wie Ihres. Haben Sie mitgekämpft für den Erhalt?
Oh ja, ich war Gründer und Vorsitzender der Siedlergemeinschaft Kalscheurer Weg e.V. Das wurde hier städtischerseits als verwilderte Kleingartensiedlung angesehen. Und eines Tages kam das Planungsamt und wollte unsere Häuser dem Friedhof opfern. Damals habe ich gelernt, was demokratische Politik ist: Arbeit, Arbeit, Arbeit. Fürchterliche Lauferei von einer Fraktion, einer Kommission zur nächsten, einfach unglaublich viel Arbeit.

Aber manchmal ist man erfolgreich.
Ja, ganz allmählich sorgten wir für einen Gesinnungswandel, die Stadt Köln gewährte uns Bestandschutz. Und über die Gründung einer Genossenschaft haben wir das Gelände schließlich gekauft. Ganz glücklich mit der Entwicklung hier bin ich trotzdem nicht.

Warum?
Ich liebe das Vorläufige, aber jetzt wird es endgültig. Hier tauchen jetzt mehr und mehr »Ötzis« auf, so nennen wir Alteinwohner die Neuen. So ökologisch angehauchter Mittelstand, Lehrer und Sozialarbeiter, verstehen sie? Das Milieu kippt.

Was ist mit den 68ern und Hippies, sind die fort?
Die sind alt geworden, aber noch da. Die haben inzwischen auch in der Genossenschaft viel zu sagen. Waren ja mal zwei Jahre an der Uni und haben ein bisschen lesen und schreiben gelernt.

Wer nach einer Steigerung von »trockenem« Humor sucht, der ist bei Hans Conrad Zander richtig. Ob Scherz oder Zynismus: Zander setzt seine Pointen stets mit ausgesuchter Eloquenz und Nüchternheit.

Und zu welcher Gruppe gehören Sie?
Ich bin ein Relikt aus den 60ern und wahrscheinlich der Einzige, der an seinem Haus aber auch rein gar nichts verändert hat.

Wenn Sie auswärtigen Besuch bekommen, was zeigen Sie ihm zuerst?

Zuerst führe ich ihn zu Gummi Grün und dann zu Honig Müngersdorff, das ist das beste Honiggeschäft der Welt. Wenn Sie das nicht kennen, kennen Sie Köln nicht!

Wie sieht es mit dem Dom aus?

Der Dom gefällt mir gar nicht, im Vergleich zu den Kathedralen von Chartres oder Reims ist das schnell hochgezogene Neogotik, sonst nichts. Das ist natürlich der Ersatzberg der Kölner, das verstehe ich schon. Aber schön ist der nicht.

Heinrich Böll hat seine Gäste immer durch die romanischen Kirchen geführt.

Das würde ich auch tun. Die müssen mal unglaublich schön gewesen sein. Sie sind es nicht mehr, weil sie wiederaufgebaut wurden.

Da widerspreche ich Ihnen.

Dinge werden mit dem Alter schön. Alte Bäume sind viel schöner als junge, und so ist das auch mit Bauwerken wie Kölns romanischen Kirchen. Da sieht man leider: Das ist Romanik von 1960. Zweifellos schön nachgebaut, aber es fehlt die Patina. Es wirkt museal, und museal ist das Gegenteil von lebendig. Ich gebe allerdings zu: St. Pantaleon ist immer noch wunderschön.

Bevorzugen Sie das römische oder das katholische Kölner Erbe?

Sie werden mir gestatten, vom römischen Köln nicht so viel zu halten. Diese Stadt hieß Colonia, also Kolonie. Das war ein abgelegener Grenzort, in dem man die alten Legionäre angesiedelt hat. Hier sind die wenigsten freiwillig hingezogen.

Können Sie mit dem Begriff »kölsch-katholisch« etwas anfangen?

Ich schätze es auf das Höchste, das katholische Kölner Milieu. Nach 1945 hat sich, bedingt durch den Zuzug vieler Fremder, das eigentliche kölsche Milieu in die katholischen Pfarrgemeinden zurückgezogen. Wenn Sie der alten kölschen Mentalität nachspüren wollen, müssen Sie dorthin gehen, am besten zu Karneval. Das ist unvergleichlich sympathischer und liebenswerter als die kommerziellen Narrenveranstaltungen.

Was ist daran sympathischer und liebenswerter?

Die Witze zum Beispiel, die dort erzählt werden: Tünnes kommt in den

Himmel, trifft den lieben Gott und fragt: »Stimmt es, dass für dich 1000 Jahre sind wie ein Tag?« »Die sind für mich wie ein Minütchen«, sagt der liebe Gott. »Und wie viel ist für dich eine Million?« »Das ist für mich wie ein Groschen.« »Dann gib mir doch einen Groschen«, sagt der Tünnes dann, und der liebe Gott antwortet: »Waad ens e Minütche.« Dieses schelmische Einverständnis, dieses Sichhochnehmen und Doch-nicht-Verletzen, das ist recht eigentlich kölsch-katholisch.

Hier kann man den lieben Gott auch mal einen guten Mann sein lassen.
Ja, man ist mit ihm vertraut und weiß gerade deshalb: Auf den lieben Gott ist nicht immer Verlass. Und da auf die Kölner auch nicht immer Verlass ist, hat ihnen dieser Zug am lieben Gott am besten gefallen.

Und weil es hier so gut passt, wollen wir abschließend noch Zanders Regel Nr. 4 für zweifelnde Christen zitieren: »Im Falle einer religiösen Krise überlassen wir uns, falls wir katholisch sind, dem lösenden Fluss der Tränen. Falls wir evangelisch erzogen sind, versuchen wir wenigstens, ein bisschen zu seufzen.«

 *November 2008*

Nachtrag: Wenige Tage nach Erscheinen dieses Interviews bekam ich einen Anruf von Honig Müngersdorff. Wie überrascht man gewesen sei über diese Erwähnung des Familienbetriebs. Und wie dankbar auch dem Herrn Zander. Aber letztlich habe er ja auch vollkommen recht: Honig Müngersdorff, das Kölner Traditionsgeschäft An St. Agatha 37, existiert bereits seit 1847.

Hans Conrad Zander, Jahrgang 1937, stammt aus einer schweizerischen Calvinistenfamilie. Mit 20 Jahren trat er zum Entsetzen seines Vaters dem Dominikanerorden bei. Drei Jahre später begann er in Köln ein Soziologiestudium und wurde danach zu einem der profiliertesten deutschen Journalisten und Kirchenkritiker. Er verfasste zahllose Beiträge für Rundfunk und Fernsehen, mehrere Jahre war er zudem Reporter des Stern. Mit Büchern wie »Darf man über Religion lachen?« oder »Warum waren die Mönche so dick?« lotet er immer wieder die komischen Abgründe der Religionsgeschichte und der christlichen Dogmen aus. Zander lebt mit seiner Frau in der Zollstocker Indianersiedlung.

»Köln ist das Gegenteil von Aufbruch«

Heike-Melba Fendel | Agenturchefin und Autorin

Zur Begrüßung zeige ich Heike-Melba Fendel ein Kinderbuch von 1966: »Geh mit durch Köln«. Es wird im ersten Kapitel ihres kürzlich erschienen Romans »Nur die« erwähnt. Auch Frau Fendel hat jenes Büchlein einst besessen, auf dessen Cover ein gemütlich-beschnäuzerter Mann mit zwei Kindern zu sehen ist.

Das ist ja der Hammer! Wo haben Sie das denn her?

Das habe ich wie Sie mal als Kind bekommen.
Das sind ja gar nicht zwei Mädchen. Und der ist ja auch gar nicht dick! Da sieht man mal wieder, was die Erinnerung mit einem macht.

Was verbinden Sie mit dem Buch?
Eigentlich ging es mir um die Aufsplittung von einer Person in zwei. Also darum, im ersten Kapitel schon einmal von »guten« und »bösen« Mädchen beziehungsweise Männern zu reden. Das Buch war ein assoziatives Transportmittel für diese Idee.

In dem Romankapitel beziehen Sie sich auf das Aufzählen der Kölner Brücken in jenem Kinderbuch. Bekommen Sie noch alle zusammen?

Nein, schon deshalb nicht, weil ich keinen Führerschein besitze. Ich kenne nur die Hohenzollernbrücke, weil ich auf der immer von Bahnhof zu Bahnhof hin und her laufe.

»Ich wollte keiner dieser peinlichen Berlin-Flüchtlinge sein«

Haben Sie auch schon mal ein Liebesschloss installiert?

Nein, das fände ich unglaublich kitschig. Wie das Wynona-Ryder-Tattoo von Johnny Depp, das die arme Vanessa Paradis jetzt immer anstarren muss.

Ihre Agentur hat – wohl unvermeidlich – eine Dependance in Berlin, aber der Hauptsitz ist immer noch Köln. Hat das praktische oder nostalgische Gründe?

Das hat überhaupt keine praktischen Gründe. Ich wollte nur nicht einer dieser peinlichen Berlin-Flüchtlinge sein. Ende der 90er bin ich oft nach Berlin gefahren und habe den Aufbruch dort miterlebt. Ich kannte auch das Gefühl, Köln klein und blöd zu finden. Aber diese Einstellung war dann auch schnell Folklore, also habe ich mir gesagt, ich bleibe hier.

Die Hauptstadt-Hysterie war Ihnen zu albern?

Der Berlin-Hype hat ja einen Grund. Dort war und ist vieles möglich, was hier unmöglich ist. Dort gibt es Platz, günstigen Wohnraum, junge Leute und Offenheit für Neues. Köln hingegen ist das Gegenteil von Aufbruch.

Inwiefern?

Köln, das ist das sentimentale Sich-dessen-Vergewissern, dass man noch da ist. Und das ist viel zu wenig. Köln hat irgendwann einmal aufgehört, nach vorn leben zu wollen.

Wann?

Ich würde sagen: Mitte der 80er.

Was läuft seither falsch?

In Köln zelebriert man dieses »So sind wir eben«, im Übrigen ein sehr männertypisches Prinzip. Wenn man einem Mann einen Vorwurf macht, dann sagt der zuerst: Stimmt nicht. Wenn der Vorwurf unwiderlegbar wird, sagt er: Na ja, jetzt ist es nun mal passiert, soll ich mich erschießen? Und in der dritten Phase meint er: So bin ich halt. Und das ist auch genau der Kölner Dreischritt.

Die Ich-Erzählerin Ihres Buches kommt wie Sie aus einem Kölner Vorort. Was ist das Schöne am Vorortleben?
Dass man sich mit der Bahn Station für Station in die Stadt bewegt. Ich komme aus Longerich, für mich war das also damals die Linie 6. Und es war aufregend, irgendwann zum Beispiel Nippes zu erreichen.

Alle Rezensenten zitieren ein Motto Ihrer Protagonistin: »Peinlich gibt es nicht.« Stimmt das eigentlich?
Das stimmt überhaupt nicht! Mir ist sehr vieles rasend peinlich. Und dabei geht es für mich nicht um so ein popkulturelles Sektierertum: dass es etwa peinlich sei, diese oder jene Band zu hören. In »peinlich« steckt ja das Wort »Pein«, das liegt also irgendwo zwischen Schmerz und Scham. Und solche Momente erlebe ich ständig, täglich! Oft ist mir mein eigenes Verhalten peinlich, aber ich kenne natürlich auch das berühmte Fremdschämen.

Ihrer Hauptfigur geht es um Selbstüberwindung, um die Suche nach überraschenden, auch exzessiven Lebenserfahrungen. Und dabei muss man Peinlichkeiten in Kauf nehmen.
Ich kann ja nun einmal meinen Hintergrund, das Filmgeschäft, nicht verleugnen. Und von dort her kommt dieses Problem, dass man ständig gut aussehen will, bei öffentlichen Auftritten, im Netz, selbst in der privaten Partnerschaft. Das Buch handelt eben genau deshalb davon, wie es ist, ganz und gar nicht mehr gut auszusehen, und davon, wie verstörend das ist. Bis hin zu dem Punkt, wo man seine eigene Erinnerung zensiert und unangenehme Teile davon einfach löscht.

In diesem Zusammenhang: Mein Lieblingskapitel ist das mit dem Favela-Jungen.

In den Slums von Rio wird die Ich-Erzählerin von einem Jungen überfallen. Er raubt ihre Tasche, bringt sie jedoch kurz darauf reumütig zurück. Später erzählt die Frau diese Episode so, als sei hier Magie, ein erotischer Zauber mit im

Spiel gewesen. Was sie verschweigt und zunehmend aus ihrer Erinnerung tilgt: Der Junge war direkt in die Arme einer Polizeistreife gelaufen.

Für mich ist das eine Schlüsselgeschichte. Diese Selbstzensur der Frau ist zugleich mein Kommentar zum Umgang mit der Wahrheit in diesem Buch. Da gibt es so einige Episoden, die man normalerweise für sich behält oder  aus der Erinnerung löscht, die aber eine Identität mit ausmachen. Es gab eine Reihe von Kapiteln, von denen ich zwischenzeitlich dachte, tja, die sind …

… zu peinlich?
Zu peinlich, genau. *(lacht)* Aber gerade weil ich meinen eigenen Widerstand spürte, musste ich diese Episoden drinlassen. Man darf nicht eine literarisch gute Geschichte opfern, nur weil sie inhaltlich peinlich ist. Sonst hätte ich direkt das ganze Projekt lassen können.

Ohne die peinlichen Storys wäre es ein Lifestyle-Büchlein geworden.
Lifestyle, genau, das ist sowieso eines meiner Hasswörter.

Auch den Ausdruck »Starke Frau« mögen Sie gar nicht, habe ich gelesen.
Es gibt zwei beliebte Formulierungen, die überhaupt keine Komplimente sind und die ich nicht mag. Die eine ist »Du bist eine starke Frau«, die andere »Bleib wie du bist«.

Und dabei am besten noch so freundschaftlich-verpeilt am Oberarm rubbeln.
Boah, ja, das ist ganz schlimm. Machen Frauen das auch?

Allerdings, gerade die!
Früher gab es auch diese Männer, die einen beim Handgeben immer mit dem kleinen Finger so ein bisschen gekitzelt haben. Das war auch ganz furchtbar. *(lacht)*

Früher, das waren auch die 80er Jahre des letzten Jahrhunderts. Die waren sowohl für Sie als auch für Ihre Protagonistin prägend. Können Sie dieses Jahrzehnt kurz charakterisieren?
Die 80er sind für alle Missverständnisse verantwortlich, die sich bis heute halten. Das war das allerletzte Jahrzehnt, eine Dekade der Gier, des Yuppie-

tums, der Verherrlichung von entseeltem Karrierismus und Konsum- und Warenfetischismus, des Sich-Verlierens in medialen und technischen Angeboten. Ganz abgesehen von Haargel und bügelbrettbreiten Schulterpolstern.

Es gab aber doch auch so etwas wie ein neues Rollenverständnis zwischen den Geschlechtern, eine Tendenz zum emanzipierten, soften Mann.
Dahinter steckt dieses Missverständnis, dass bloße Übertragung, also das Prinzip Doppelnamen für Männer und Bundeswehr für Frauen, etwas mit Fortschritt zu tun hätten. Popkulturell, politisch und, wie man heute sagen würde, gendermäßig wurden die Weichen damals falsch gestellt. Dabei hat man nur etwas vertauscht, aber nichts begriffen.

Und wann, in welchem Lebensabschnitt zieht man zurück in den Vorort?
Nie wieder! Aber abgesehen davon kann man natürlich auch in Manhattan ein Vorort-Leben führen. Und in Köln-Bilderstöckchen ein großstädtisches. Freiheit ist eine Haltung, keine Adresse.

Auf den knackigen Schlusssatz folgt sogleich eine sentimentale Anwandlung. Frau Fendel möchte das kleine Kinderbuch geliehen bekommen: Geh mit durch Köln.

 *Dezember 2009*

Heike-Melba Fendel, geboren 1961, wuchs in Longerich auf.
Nach dem Abitur verbrachte sie zwei Jahre in New York. Ein Germanistik-Studium in Köln brach sie ab und begann 1985 mit journalistischen Texten vor allem zur Filmbranche.
1991 gründete sie Barbarella Entertainment, eine Agentur für Events und Schauspieler. Das Unternehmen organisiert zahlreiche Veranstaltungen von der Eröffnung der Frankfurter Buchmesse bis zum 25. Geburtstag des TV-Senders 3Sat. Außerdem schreibt sie weiterhin für verschiedene Zeitungen. Im September 2009 erschien ihr erster Roman: »Nur Die – Ein Leben in 99 Geschichten«. Heike-Melba Fendel wohnt in Berlin und im Kölner Belgischen Viertel.

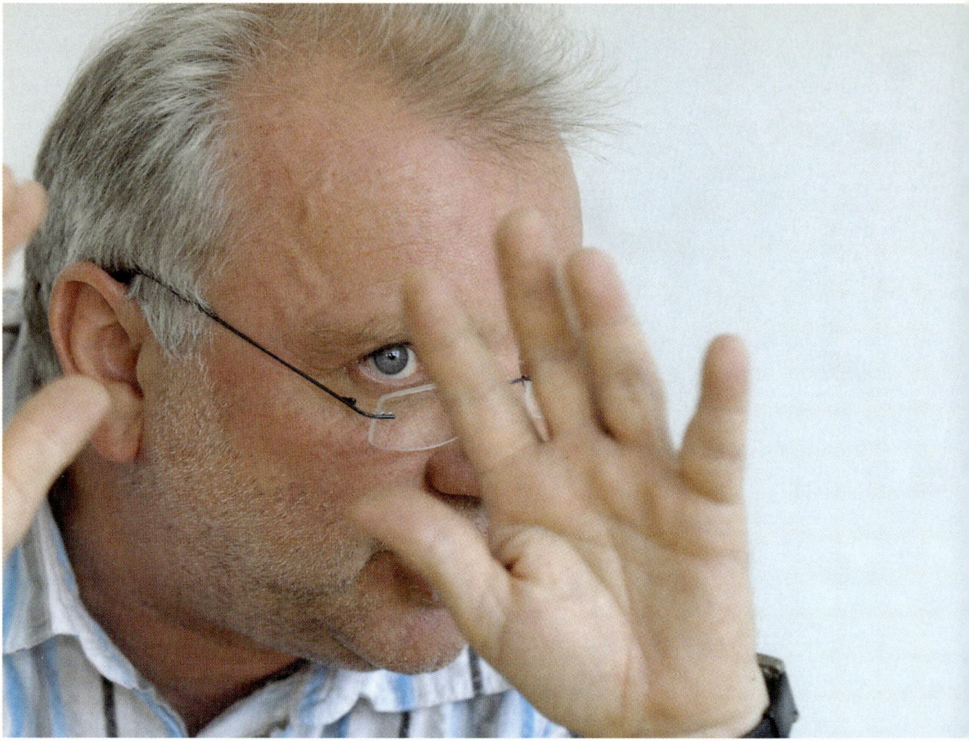
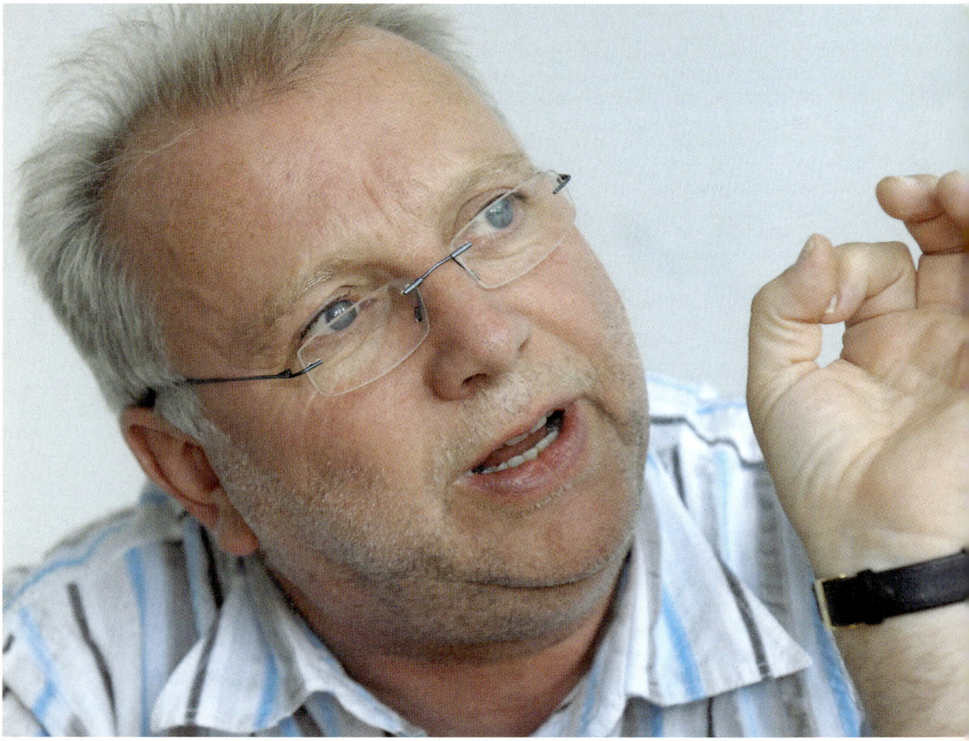

»Eine romanische Kirche ist wie eine dicke Mama«

Willibert Pauels | Karnevalist (»Ne Bergische Jung«)

Das Interview mit Willibert Pauels stammt wie jenes mit Hans Süper aus der Reihe »Das Andere Gespräch«. Das heißt, der Diakon und Büttenredner durfte nicht über Kirche und Karneval reden, sich das zu verhandelnde Thema jedoch ansonsten selbst auswählen.

Willibert Pauels erwartet mich im obersten Stockwerk des Domforums, hier genießt man einen herrlichen Blick über die Domumgebung. Der »Bergische Jung« ist guter Laune und bestens vorbereitet. Im Gegensatz zu manch anderem Gesprächspartner dieser Reihe hat er sich nämlich genau überlegt, worüber er reden möchte.

Herr Pauels, worüber wollen wir sprechen?
Über Architektur und im Speziellen: über die abgrundtiefe Hässlichkeit vieler Kölner Gebäude.

Damit meinen Sie sicherlich den gotischen Kollegen hier gegenüber dem Domforum.

(lacht) Eher nicht. Nehmen Sie irgendeine Stadt und fragen Sie irgendeinen Menschen, welches die Gebäude sind, die wehtun vor Hässlichkeit. 99,9 Prozent von ihnen werden auf Bauwerke zeigen, die aus den 1970er Jahren stammen. Dieses Jahrzehnt war der Super-GAU der Architektur.

»Gut, dass Böll sich nicht durchgesetzt hat«

Sie sprechen vom Kölnberg in Meschenich, von Chorweiler und Neubrück. Was genau finden Sie daran hässlich?

Wenn ich das nur genau wüsste. Ich war kürzlich in München, und diese Stadt ist schön! Die verfügt über eine in sich schlüssige Gesamtarchitektur. Irgendwer hat mal gesagt: Mit hässlicher Architektur kann man Menschen totprügeln.

Bei Bauten gibt es sicherlich eine äußerliche, aber auch eine soziale Hässlichkeit.

Oh ja. Ich glaube, dass ein Grund für den Vandalismus von Schülern in der Trostlosigkeit dieser Schulkomplexe aus den 70ern liegt. Wenn ich in solchen Schulen auftrete, denke ich immer an die Dementoren bei Harry Potter. Die saugen dir die Seele aus, und ich glaube, in den 70ern sind diese Dementoren architektonisch aufgetaucht.

Eigentlich hatte man bei Trabantenstädten wie Chorweiler die Idee, verschiedene soziale Schichten zusammenzubringen.

(lacht ironisch) Na, das ist ja auch gelungen. Es muss doch möglich sein, zugleich preiswert und schön zu bauen! Ich vermute, dass die Kategorien Schönheit und Harmonie in den 70ern als repressiv galten.

Was macht denn städtebauliche Schönheit und Harmonie aus?

Jeder Tourist geht gern in die Altstadt, und das kommt ja nicht von ungefähr. Auch in den großen Freizeitparks werden alte Stile nachgebaut. Ich glaube, diese alte Architektur entspricht der Sehnsucht des Menschen nach Geborgenheit und Harmonie.

Aber das sind doch nur Imitate! Heinrich Böll hat zum Beispiel zeitlebens bedauert, dass wir wegen der Kriegszerstörung nur über eine wiederaufgebaute Romanik verfügen. Die echte, mittelalterliche Atmosphäre dieser Kirchen ist unwiederbringlich verloren.

Gut, dass der Herr Böll sich nicht durchgesetzt hat. Diese Argumentation, das sei Kitsch und nachgemacht, man könne das nicht mehr aufbauen, die geht vollkommen an den Bedürfnissen der Menschen vorbei.

Ich war letztens in einer erhaltenen romanischen Kirche in der Eifel. Das Licht, die Farben der Steine, der Geruch sind völlig anders als in vergleichbaren Kölner Kirchen.

Gut. Aber ich sage nur: Frauenkirche.

Was heißt das?

Ja, jetzt nennen Sie mir doch einen Menschen, außer meinem Interviewer vielleicht, der diesen Wiederaufbau nicht begrüßt.

Ich stelle hier nur die Fragen. Die Frauenkirche ist hübsch geworden, finden Sie?

Toll ist sie. Und das ist nicht nur meiner romantischen Ader oder meinem konservativen Grundethos geschuldet. Selbstverständlich kann ich auch moderne Gebäude bewundern, wenn ihre Architekten die Kategorie Schönheit nicht als repressiv empfinden.

Welche zum Beispiel?

Den LVR-Turm finde ich klasse, aber wenn man vom rechten Rheinufer redet, muss man natürlich direkt auch das furchtbare Lufthansahochhaus erwähnen. Sehr schön finde ich hingegen den Walfisch an der Schildergasse.

Was geht Ihnen durch den Kopf, wenn Sie durch den neuen Rheinauhafen spazieren?

Den finde ich gelungen.

Durchweg?

Durchweg, ja. Am liebsten würde ich da wohnen, aber dafür müsste ich wohl noch ein paarmal öfter auftreten. Aber das Thema ist ja tabu.

Karneval ist tabu, Geld verdienen nicht!

(lacht) Aber um noch einmal auf die 70er zurückzukommen: Mit das Schlimmste war der damals exzessiv verwendete Baustoff, also Beton.

Sie würden lieber weiter Natursteine kloppen am Drachenfels?

Nein, aber der Drachenfels ist ein gutes Beispiel! Dieses scheußliche Aussichtsrestaurant stammt natürlich auch aus den 70er Jahren. Und jetzt wird es – hurra! – abgerissen.

»Bei diesem »Hurra« reißt Pauels die Arme hoch, wie er überhaupt so lebhaft wie gestenreich diskutiert. Dass er sich in der Kanzel genauso wohlfühlt wie in der Bütt, merkt man ihm jederzeit an.

Was könnte man denn tun gegen die 70er?
Ich befürchte, es wird nicht gelingen, das so bald alles abzureißen. Aber ich wünsche mir einen Virus, der die Gebäude von innen heraus zersetzt. Das ist alles misslungen, Beton kann einfach nicht mit Würde und in Schönheit altern.

Wieso?
Wie beim menschlichen Körper die Knochen kann Beton das Skelett eines Bauwerks bilden. Aber das ist kein Sichtbaustoff, da muss noch eine Haut drüber.

Es gibt immer wieder Avantgarden, die irgendeinen Baustoff neu oder wiederentdecken. Heutzutage sind viele Küchen aus nacktem Beton gebaut.
Ich wiederhole mich: Offensichtlich gibt es immer wieder Avantgarden, die auch noch stolz darauf sind, Hässlichkeit zu produzieren. Das können die dann in ein Museum stellen, wo ich es nicht sehen muss. Aber Architektur ist öffentlich, ich kann mich dem nicht entziehen. Wir brauchen eine Architektur, die dem Auge guttut, ich glaube, das ist gar nicht zu unterschätzen.

Was tut denn Ihrem Auge gut, wo spazieren Sie gerne herum in Köln?
Ich kenne mich in Köln ja ansonsten nicht so gut aus. Ich kenne die Säle, und da werde ich hingefahren. Aber als Wipperfürther kommt man von klein auf nach Köln zum Einkaufen, also auf die Schildergasse und die Hohe Straße.

Das C&A-Haus ist auch kein echter Hingucker.
Aber der Kaufhof! Das ist Gründerzeit. Im Übrigen muss es für mich gar nicht immer alt und verschnörkelt sein. Ich liebe auch die Bauhaus-Architektur mit ihren klaren Linien.

Könnte gut sein, dass die Bauhaus-Leute auch irgendwann in die Betonphase gekommen wären. Gerade weil man damit so schlicht bauen kann.
Beton wird grün, der verschimmelt. Und dann wird der immer in diesen hässlichen Schichten aufgetragen. Wir hatten früher einen Kuchen, der hieß

Kalter Hund. Da kann ich diese Schichtbauweise noch ertragen. Aber nicht
bei Bauwerken.

Wie würden Sie denn das Stadtbild Ihrer Heimat Wipperfürth beschreiben?
In Wipperfürth stehen auch zwei schlimme Bausünden, natürlich aus den
70ern: die Realschule und der Anbau an mein schönes altes EvB-Gymna-
sium. Aber ansonsten ist Wipperfürth, ehrlich, bergisch schön. Das Rathaus
etwa, einziges Bombenopfer der Stadt, wurde im Stil der 50er Jahre wiederaufgebaut, das gefällt mir auch sehr gut.

Sie lieben das Runde mehr als das Eckige?
Natürlich, das ist dem Menschen so von seiner Natur her eingelegt.

Esspapier ist immer viereckig, Oblaten sind rund.
(lacht) Das Thema ist tabu! Nennen Sie mir jemanden – außer Karl Lager-
feld –, der knochige, eckige Frauen schöner findet als wohlgerundete.

Sie wollen das Wort »üppig« vermeiden?
Das vermeiden wir, ja. Oder denken Sie an Lippen: Volle Lippen sind schön,
darauf steht der Mensch. So sehr, dass der Natur zuweilen mit Aufspritzen,
mit diesem unerträglichen Botox nachgeholfen wird.

Also liegt Ihnen auch die Romanik eher als die Gotik?
Natürlich, ja! Eine romanische Kirche ist wie eine dicke Mama, da fühlt
man sich geborgen. Unsere Kirche in Wipperfürth ist auch eine romanische.
Die sitzt wie eine dicke Glucke im Zentrum und schart die anderen Häuser
um sich.

 *Juli 2009*

Willibert Pauels,

geboren 1954, stammt aus Wipperfürth im Bergi-
schen Land. 1993 wurde er zum Diakon geweiht
und arbeitete danach hauptamtlich in verschiedenen Pfarrgemeinden.
Bereits seit den 1970er Jahren tritt Pauels im Karneval auf. Nachdem er 1996 erstmals
in Köln zu sehen war, entwickelte er sich schnell zu einem der bekanntesten Büttenredner der Stadt. Der »Bergische Jung«, so sein Kunstname, spricht zudem allwöchentlich
um 11:11 Uhr im DomRadio das »Wort zum Samstag«.

»Es gibt spezielle Klüngel-Bewegungen«

Stephanie Thiersch | Choreographin

Stephanie Thiersch wird nicht zum ersten Mal interviewt, das sieht man ihr an. Ihr Blick verrät einen zwinkernden Humor und Selbstbewusstsein. Plötzlich bin ich sehr froh, nicht nur gut vorbereitet zu sein, sondern auch auf eine gewisse empirische Erfahrung in Sachen »Tanztheater« zurückgreifen zu können.

Ich habe mal in einem Tanztheater gearbeitet *(als Kartenabreißer und Flaschenöffner, B.I.).* **Wenn wir 15 Zuschauer hatten, war das richtig viel. Kennen Sie diese Erfahrung?**
Gott sei Dank eigentlich nicht. In Köln machen wir unsere eigene Pressearbeit und verwenden darauf auch ziemlich viel Energie. Und im Ausland kümmern sich die Veranstalter vor Ort darum, damit haben wir bisher immer sehr gute Erfahrungen gemacht.

Nach einem jener spärlich besuchten Auftritte hat mir eine Tänzerin gesagt, Tanz brauche Intimität. Mehr als 20 Zuschauer könne sie deshalb ohnehin nicht vertragen.

Intimität kann man auch mit großem Publikum schaffen. Meine Stücke der letzten Jahre sind jedenfalls nicht auf kleine Räume angelegt. Andererseits ist es immer spannend zu sehen, wie solche Stücke in anderem Rahmen funktionieren. »Under green Ground« zum Beispiel haben wir in sehr kleinen Theatern mit 50 Sitzen aufgeführt, aber auch vor 1.000 Leuten, unter anderem in Mexiko.

Stephanie Thierschs Compagnie »Mouvoir« agiert im wahrsten Sinne global. Unter anderem trat man in Togo, Jakarta, Singapur und Palästina auf. Auszüge aus den Stücken findet man im Internet unter www.mouvoir.de.

»In Mexiko waren wir Exoten«

Wie lief das denn vor 1.000 Zuschauern?
In Mexiko waren wir die Exoten. Die fanden es sehr ungewöhnlich, dass wir auf der Bühne mit echtem Rasen rumhantieren. Außerdem agieren bei diesem Stück die Techniker mit, in dem Fall also auch mexikanische Techniker. Das kam extrem gut an.

Weil es multimedialer war als herkömmliches, konservatives Tanztheater?
Ja, und eben auch poppiger. Wir haben Musik eingesetzt von Marilyn Manson bis Peaches, ziemlich heftiges Zeug also. Das waren die Leute dort weniger gewohnt.

Im Raderthaler Volkspark gibt es einen Reigenplatz aus den 1920er Jahren. Die Idee dahinter: Es sollte öffentlich getanzt werden. Was war damals anders?
Damals gab es eine regelrechte Aufbruchstimmung, weil sich zu Anfang des Jahrhunderts ein paar Leute aufgemacht hatten, neben dem klassischen Ballett noch eine weitere Kunstsparte zu etablieren. Eine, die Tanz und Theater miteinander verbinden sollte.

Was bedeutete das konkret?
Dass diese Leute zum Beispiel ihre Spitzenschuhe auszogen und barfuß tanzten. Das war ein Schritt weg vom Elitären, sehr naturverbunden, eine Art Körperbefreiung. Es ging um einen Ausdruck, der enger an den natürlichen Körper, die natürlichen Bewegungen angebunden war.

Was bleibt denn vom Tanz, wenn man das Artifizielle, das Künstlerisch-Theaterhafte wegnimmt?
Die pure Bewegung! Der private Tanz, etwa zu Hause oder in Discos, ist immer auch eine Kommunikation mit anderen Menschen. Und natürlich eine Kommunikation mit dem eigenen Körper, die zu Wohlempfinden führt. Auch das Singen unter der Dusche ist etwas anderes als ein Bühnenvortrag.

Tanztheater findet normalerweise vor einem Insiderpublikum statt. Was tun Sie, um neue Zuschauer zu gewinnen?
Dafür unternehmen wir die verschiedensten Versuche, zum Beispiel indem wir angesagte DJs oder Musiker einladen, bei uns mitzuwirken. Außerdem arbeiten wir immer sehr assoziativ und bilderreich und auch mit Humor. Unsere Stücke kann eigentlich jeder verstehen, man hat als Zuschauer alle Freiheiten, um sich zum Stück seine eigenen Geschichten zu bauen.

Es geht Ihnen eher um den Bauch als die Birne?
In erster Instanz auf jeden Fall. Dass dann immer auch noch eine andere Rezeptionsebene existiert, ist klar. Aber wer die nicht erkennen kann oder will, soll trotzdem etwas von der Aufführung haben.

Sie haben einmal gesagt, heutzutage bestehe eine »große Sucht nach Imitation«. Was meinen Sie damit?
Ein Ziel unserer Arbeit ist es, alltägliche Gesten einzufangen. Durch die Unzahl von Medien heutzutage wird eben sehr viel übernommen.

Die Art, wie Kurt Cobain sich die Haare hinter die Ohren gestrichen hat?
(lacht) Genau, so etwas. Wer den mag, imitiert das. Oder nehmen wir Sportler, da funktioniert das ähnlich. Wer Fußball spielt, der interessiert sich unbewusst dafür, wie sich ein Poldi aufm Platz bewegt, und versucht dann, genauso zu laufen oder zu jubeln.

Haben Sie durch Ihre Arbeit auch einen geschärften Blick auf sich selbst?
Oh Gott, das ist natürlich immer am allerschwierigsten. Aber andererseits: Jeder kennt das Gefühl, neben sich zu stehen und sich zu beobachten.

Oder das Gefühl, nach einem guten Kinofilm zu gehen wie der Hauptdarsteller.
Ja, genau.

Nun haben Sie gesagt, die Sucht nach Imitation sei heute stärker denn je. Andererseits wurde der Hüftschwung von Elvis in den 1950ern auch tausendfach imitiert.

Das stimmt, aber heute wird man viel intensiver von Informationen überhäuft. Elvis' Hüftschwung anhand eines Zeitungsfotos zu imitieren ist kaum

möglich. Aber wenn man wie heute Zugang zu Fernsehbildern, Videos, Internetstreams und so weiter hat, weiß man alles darüber.

Viele dieser Rollenmodelle aus den Medien sind selber zurechtgeschnitzt worden. Von Marketingexperten zum Beispiel. Dann imitiert man ein Imitat.

Ja, das ist ein Irrgarten, aber ein interessanter. Man muss schon genau beobachten, um beurteilen zu können, wann eine Bewegung authentisch ist und wann nur abgekupfert.

Woran erkennt man eine authentische Bewegung?

Das ist natürlich total subjektiv. Für mich ist etwas authentisch, wenn es mich an nichts erinnert, was ich schon kenne.

Bereits mit dem Namen ihrer Compagnie strebt Stephanie Thiersch die ideale Synthese aus Tänzerischem und Visuellem an. In »Mouvoir« vereinen sich das Bewegen und das Sehen.

Als Choreographin ist man quasi von Berufs wegen auf der Suche nach neuen Gesten und Bewegungen. Wo holen Sie sich Ihre Anregungen her?

Wie gesagt, ich beobachte gern die Menschen auf der Straße, da kommt schon mal einiges her. Aber ich stehe auch immer in engem Austausch mit meinen Tänzern, die ja ihre jeweils ganz eigene Bewegungssprache haben. Das Dritte und Wichtigste für mich sind jedoch Bilder und Atmosphären, die in meinem Kopf entstehen.

Haben Sie dann schon konkrete Bewegungen vor Augen?

Nein, es geht da eher um Sinnlichkeit, um bestimmte Stimmungen. An die Bewegungen, die den vorgestellten Atmosphären und Situationen entsprechen, muss man sich dann bei der Probenarbeit herantasten.

Ein Sprung von der allgemeinen zur lokalen Bewegungsphänomenologie: Gibt es Kölner Bewegungen?

(überlegt lange) Super Frage. Klar gibt es spezielle Klüngel-Bewegungen, im Zusammensitzen, in der Wärme, im kumpelhaften Umgang der Menschen miteinander – basierend auf der Karnevals-Phänomenologie des Körpers.

Sie kennen Deutschland durch Ihre Tourneen recht gut. Ist der Kölner gestischer als andere Städter?
Ja, das würde ich schon sagen. Auf jeden Fall gestischer als die Menschen im Norden und Osten. Aber auch der Münchner ist behäbiger als der Kölner, so ganz im allgemeinen Klischee gesprochen.

Also gilt Köln nicht umsonst als nördlichste Stadt Italiens?
Hier wird einfach viel kommuniziert, mit der Stimme und mit dem Körper. Ob das dann auch immer konstruktiv wirkt, ist eine andere Frage. *(lacht)*

Profitieren Sie davon bei Ihrer Arbeit?
In gewisser Weise, ja. In Berlin läuft alles sehr viel distanzierter ab als in Köln. Hier wirst du sehr schnell einbezogen in Gespräche und Geschichten. Und es werden hier auch keine großen Unterschiede gemacht, es ist egal, mit wem man spricht. Wenn man schlecht drauf ist, kann das schon mal nervig sein. Aber unterm Strich halte ich das für eine positive Eigenschaft.

 *April 2009*

Stephanie Thiersch, geboren 1970, wuchs in Hochheim bei Mainz auf. Schon im Alter von vier Jahren bekam sie Tanzunterricht. Nach einem geisteswissenschaftlichen Studium mit Magisterabschluss kam sie 1998 nach Köln und schloss an der hiesigen Kunsthochschule für Medien (KHM) ein Postgraduiertenstudium an. Seit 1999 existiert ihre Tanzcompagnie »Mouvoir«, mit der sie bereits in der ganzen Welt auftrat. Die Gruppe errang mehrere Auszeichnungen, darunter den Kölner Tanztheaterpreis 2005. Anfang 2009 wurde Mouvoir in die Spitzenförderung des Landes NRW aufgenommen.

»Für die erste Gitarre habe ich mein Luftgewehr verkauft«

Bömmel Lückerath | Musiker

»Typisch Lückerath«, sagt seine Frau. Bömmel hat verschiedene Termine durcheinandergebracht, und jetzt klingelt es alle paar Minuten an der Tür seiner Rather Wohnung. Irgendwann versiegt der Strom. Der Bläck-Fööss-Gitarrist macht Kaffee und setzt sich an den großen Holztisch im Esszimmer.

Ist Rath eigentlich ein Dorf oder ein Stadtteil?
Ein ländlicher Stadtteil, würde ich sagen. Ich bin hier aufgewachsen, als Kinder haben wir oft im Königsforst gespielt, und bis heute leben hier viele Schulkameraden von mir. Von daher ist das Rechtsrheinische meine Heimat.

Wer aus Rath nicht fortwill, findet hier alles, was er braucht. Während anderswo auf der rechten Rheinseite der Einzelhandel an den großen Ketten zugrunde geht, blüht er entlang der Rösrather Straße wie eh und je. Die Anzahl der Ramschläden hält sich in Grenzen, in der Lotto-Annahmestelle wird geduzt und gefrotzelt und auf dem kleinen Marktplatz der neueste Klatsch ausgetauscht.

Ist Rath auch Ihr Alltagszentrum? Gehen Sie hier einkaufen, haben Sie hier eine Stammkneipe?

Mehrere, ja, von der Kaschemme bis zum gehobeneren Restaurant gibt es hier alles. Rath ist sicherlich einer der lebendigsten Kölner Vororte. Sehr abwechslungsreich, man kennt sich und trifft auch noch viele alte Freunde. Daneben bin ich auch Mitorganisator des Rather Sommerfestes.

»Der Umbruch war gewaltig«

Zur Schule sind Sie aber zunächst in Kalk gegangen.

Die qualmenden Schlote waren auch Heimat für mich, die gehörten dazu. Heutzutage hat sich Kalk stark verändert. Der Puls, der damals schlug, war ein anderer, da war mehr Leben drin.

Viele Menschen dort sind heute arbeitslos.

Der Umbruch durch die Schließung der Fabriken war gewaltig. Trotzdem denke ich, dass es sich hier langsam wieder zum Besseren wendet. Ich habe immer eine starke Beziehung zur Unterschicht gehabt, zu den einfachen Leuten. Und in Kalk habe ich auch angefangen, Musik zu machen.

Beim Thema Kalk gerät Lückerath ins Schwärmen. Er erzählt von der einst verruchten Kalk-Mülheimer Straße, einem »Messerstecher-Veedel«, in dem der kleine Junge eine Reihe zwielichtiger Gestalten zu Gesicht bekam. Besuche im Deutz-Kalker Bad kommen ihm in den Sinn und vor allem die längst abgerissene Chemische Fabrik. Diesen Geruch, sagt er, diesen beißenden Gestank, der über dem ganzen Viertel lag, habe er noch heute in der Nase.

Sie spielen bis heute in einer Band namens The Rolling Beats. Ist das eine Verlängerung Ihrer musikalischen Anfänge?

So hieß meine allererste Band, eine Schülercombo. Wir waren 13, 14 Jahre alt, stammten alle aus Rath, und bis auf ein Mitglied wohnen wir noch immer hier. Das ist eine wunderschöne Tradition.

Der Name vereint die Stones und die Beatles, also muss ich die alte Frage stellen.

Weder noch. Die Musik der Beatles war ausgefeilter, die Stones waren wilder. Hat mir beides gefallen. Und ehrlich gesagt spielen wir mit den Rolling

Beats weder Songs von Jagger/Richards noch von Lennon/McCartney. Unser Sänger ist eher der Elvis-Typ.

Mit den Bläck Fööss nahm Ihre Musik Anfang der 1970er eine andere Richtung. Wären Sie gern Rock 'n' Roller geworden?
Auch meine früheren Bands standen eigentlich immer mit beiden Füßen auf der Erde. Klar haben wir damals alle möglichen Einflüsse aufgenommen, auch aus der psychedelischen Ecke. Das lag in der Luft, aber was mich betrifft: Ich bin vom Typ her wirklich kein Rock 'n' Roller. Ich hatte sogar Angst vor Mopeds, seit ich einmal von einem runtergefallen war.

Rockmusik und kölsches Gemüt – schließt sich das möglicherweise aus?
Ich kenne jedenfalls keinen kölschen Rock 'n' Roller. Keinen richtigen.

War Eric Clapton für Sie als Gitarrist ein Vorbild?
Auf jeden Fall! Die Stücke der Yardbirds haben wir nachgespielt, und Cream war einfach sensationell.

Ein Markenzeichen von Cream waren die langen Soli.
Versucht haben wir uns schon dran. Aber im Grunde habe ich immer im Dienst meiner jeweiligen Band gestanden. Mir ging es immer eher darum, das Beste für unseren Sound herauszuholen, dafür musste ich nicht der herausragende Gitarrenschwinger sein.

Ihr musikalisches Ego hält sich also in Grenzen?
Bei den Fööss haben wir Stücke, da darf ich auch schon mal ein Solo spielen. Das ergibt sich so. Aber auch Banjo, Mandoline, sogar Geige manchmal. Das ist eine Freiheit, die du in keiner anderen Band hast.

War es von Beginn an die Gitarre?
Für die erste Gitarre habe ich mein Luftgewehr verkauft.

Sie besaßen als Jugendlicher ein Luftgewehr?
Mit zwölf, ja. Das war so! *(lacht)* Die Gitarre war dann ein ganz billiges Teil

> **»Meine Frau sagt manchmal, ich bin bekloppt«**

aus Sperrholz. An unserer Schule gab jemand einen Gitarrenkurs, und ich war völlig begeistert von diesem Instrument. Der Unterricht war klassisch, aber wir wollten natürlich schrömmeln, Beatmusik spielen. Also habe ich mir von da an alles selbst beigebracht.

Sie engagieren sich, zusammen mit Hartmut Priess und Kafi Biermann, auch an Kölner Schulen.
Wir bieten den Kindern Lieder an, die sie dann in der Schule einstudieren.

»Mit meinem Bruder beispielsweise rede ich ` kein Wort Hochdeutsch«

Und dann kommen wir vorbei und singen die mit den Pänz zusammen. Das ist ein wunderbares Projekt, die Kinder sind regelmäßig begeistert. Dahinter steckt aber auch die berechtigte Sorge, dass unsere kölsche Mundart ausstirbt. Die lebt nur noch über die kölschen Lieder, deshalb muss man da ansetzen. Das macht Freude, obwohl es mir auch schon mal zu viel wird. Meine Frau sagt manchmal, ich bin bekloppt.

Sie selbst sind mit Kölsch aufgewachsen?
Ja, total! Mit meinem Bruder beispielsweise rede ich kein Wort Hochdeutsch.

Die Bläck Fööss haben schon Anfang der 1970er Jahre im Karneval für Aufsehen gesorgt, Stichworte: lange Haare, bläcke Fööss, Songs wie das »Kackleed« oder die Bundeswehr-Veräppelung »Am Arsch der Welt«.
Wir haben damit bewiesen, dass der Karneval keine verknöcherte Sache, sondern erneuerbar ist. Dass er mit der Zeit gehen und sich wandeln muss. Jecke wie mir, junge Fetze von 20 Jahren, kamen da mit langen Haaren und nackten Füßen an, es gab Proteste, aber letztlich haben wir uns durchgesetzt. Ganz Ähnliches bewirken heute Brings, wenn die auch nicht so jung sind wie wir damals. Aber auch im Festkomitee arbeiten heute jüngere Leute. Die haben erkannt, dass man dieses Fest »Karneval« nur erhalten kann, wenn es mit Inhalten gefüllt ist, wenn es Substanz hat.

Wie wichtig ist der sozialkritische Strang bei den Bläck Fööss?
Unabdingbar! Eines meiner großen Vorbilder ist Karl Berbuer, der in seine

Lieder auch immer wieder Zeitkritik eingebaut hat. Man denke nur an das Kartoffellied, wo er die Atombombe erwähnt. Um 1950 herum war das geradezu unfassbar. Andererseits: Wir suchen nicht krampfhaft nach kritischen Themen.

Wie feiern Sie selbst Karneval?
Ich sehe mir jedes Jahr die Veedelszüch an, im Schmitze Lang auf der Severinstraße. Am meisten freue ich mich immer auf den Rosenmontagabend. Da mache ich mit meinem Bruder und unserer Clique in Rath einen drauf – singen, tanzen, schwade, springen –, das ist für mich der schönste Karnevalsausklang – ganz wunderbar.

Lückerath erhebt sich, seine Kumpels warten in einer Rather Wirtschaft auf ihn. Am Abend steht ein weiterer Benefiz-Gig an, tags darauf spielt er mit den Rolling Beats in einer Altstadt-Kneipe. »Komm vorbei, wenn du Lust hast«, sagt er zum Abschied.

Januar 2008

Günter »Bömmel« Lückerath, Jahrgang 1948, ist überzeugter Rather.

1970 gehörte er zu den Gründungsmitgliedern der Bläck Fööss. Seine musikalischen Wurzeln hat er in der Beatmusik der 1960er Jahre. Frühe Sympathien galten gleichermaßen den Stones und den Beatles, aber auch dem Surfsound à la Beach Boys. Unter den großen Gitarristen nimmt Eric Clapton (u.a. Yardbirds, Cream) eine Sonderstellung als Vorbild ein. Neben der Gitarre spielt Lückerath bei den Fööss auch noch Banjo, Mandoline und hin und wieder die Geige. Außerdem ist er wie alle Bandmitglieder am Gesang beteiligt.

»Die Liebe fällt dahin, wo es ihr gefällt«

Nana Neul | Regisseurin und Drehbuchautorin

Der Salon Schmitz auf der Aachener Straße ist auch nachmittags schon gut ge-
füllt. Wohl nicht zu Unrecht vermutet man hier ein hohes Aufkommen an Me-
dienschaffenden, Künstlern und solchen, die gern einer wären. Nana Neul, die
gerade ihren ersten abendfüllenden Spielfilm abgeschlossen hat, sitzt im hinters-
ten Raum und hat die Beine über den Stuhl nebenan gelegt. Ihr Getränk: Bio-
nade Holunder.

Bei der Recherche für unser Gespräch habe ich mindestens zehn Mal ir-
gendwo gelesen, Nana Neul gebe nicht gern Interviews.
(lacht) Das habe ich aber nur ein Mal gesagt. Man wird leider sehr schnell
festgenagelt.

Sind Sie schon so bekannt, dass Sie ständig mit Ihren eigenen Zitaten kon-
frontiert werden?
Nein, eigentlich nicht. Aber es gibt ein schönes Zitat von mir über meinen
Film »Mein Freund aus Faro«: »Es geht um die Liebe, und die fällt dahin,

wo es ihr gefällt. Man muss mutig sein, um sich ihr hinzugeben, denn sie verändert das Leben.«

Sehr lyrisch.
Das ist mir am Rande eines Filmfestivals eingefallen. Es passt jedenfalls sehr gut zu dem Film.

Den Berufswunsch Schauspieler hört man häufiger. Aber warum wird jemand Regisseurin?

»Ich liebe ›Drei Nüsse für Aschenbrödel‹«

Ich habe ja schon mit 20 Jahren an der Kölner Kunsthochschule für Medien angefangen, in diese Richtung zu studieren. Zunächst habe ich fotografiert und Geschichten geschrieben …

Welche Art Geschichten?
Zum Beispiel ein Märchenbuch für eine Freundin, da ging es vor allem um Zauberei.

So ganz in deutsch-romantischer Tradition?
Nein, ich bin eher ein Anhänger der tschechischen Märchenfilme. Ich liebe zum Beispiel »Drei Nüsse für Aschenbrödel«, das wird ja auch immer wieder während der Weihnachtsferien wiederholt.

Genau mit diesem Film von 1973 wurde »Mein Freund aus Faro« auch in den Feuilletons verglichen. Wenn Aschenbrödel sich als Jäger verkleidet, wird es wie die Mel von Nana Neul zwischenzeitlich vom Mädchen zum Jungen.

Was ist denn aus Ihren Märchen geworden?
Ich weiß auch nicht, es gab nur ein Exemplar. Vielleicht taucht das ja irgendwann wieder auf.

Bei eBay, nach Ihrem ersten Oscar.
(lacht) Ja, genau.

Als Schauspieler kann man Schau machen. Als Regisseur muss man immer die Kontrolle behalten. Ist die Schauspielerrolle also nicht reizvoller?
Nein, finde ich gar nicht. Weil man als Schauspieler eben keine Kontrolle hat. Man kann sein Bestes geben, aber man weiß bis zum Ende nicht, was

das für ein Film wird, in dem man da mitmacht. Als Regisseur hingegen hat man Überblick über das Ganze und kann Einfluss nehmen.

Kontrolle ist Ihnen wichtig?
Kontrolle klingt so negativ. Nein, ich bin ja auch Autorin. Da schreibt man eine Geschichte und stellt sich die vor, und irgendwann wird die dann real! Als ich über mein Filmset gelaufen bin und sah: Da sind ja selbst die Details meiner Story verwirklicht worden, das war einfach ein erhebendes, wundervolles Gefühl. Du läufst durch deine eigenen Traumkulissen – was gibt es Schöneres?

Als Autor ist man auch eine Art Regisseur, aber nicht selten entwickeln die Figuren ihr Eigenleben, und man muss ihnen hinterherschreiben.
Ja, das kenne ich.

Aber gilt das auch für die Regiearbeit? Wie weit sind Sie vom Drehbuch abgewichen bei den Figuren Ihres ersten Langfilms?
Also, ich habe mich eigentlich von keiner Figur sehr weit entfernt. Da hätte ich im Moment noch zu viel Angst, dass mir tatsächlich die Kontrolle verloren geht.

Sie haben selbst auch schon mal geschauspielert – eine Nebenrolle bei »Die Wache«. Hat das Spaß gemacht?
Ja, natürlich, mir gefällt die Schauspielerei ja auch. Sie ist nur nicht meine Profession. Ich finde immer, wenn ich nicht wirkliches Talent für eine Sache habe, also wenn man nicht das Gefühl hat, man könne etwas Schönes, Tolles erschaffen, dann soll man es besser lassen.

Haben Sie als Filmemacherin ein politisch-journalistisches Interesse?
Keines, das übers Normale hinausgeht. Natürlich greift jeder Autor auf Themen aus seiner Umgebung zurück, aber als Regisseurin bin ich schon sehr fixiert auf Geschichten, auf das Poetische.

In Ihren Filmen gibt es bestimmte wiederkehrende Strukturen. Mal wird ein Mädchen zur Puppe, mal lässt sich jemand unsichtbar machen, mal verwandelt sich eine junge Frau äußerlich in einen Mann. Es geht um Metamorphosen?
Ich glaube, dass Menschen häufig in fremde Rollen schlüpfen, dem eigenen Selbst entfliehen, um etwas über sich herauszufinden, das sie im Leben wei-

terbringt. Deshalb geht es bei mir oft um Rollen- und Selbstbilder und darum, dass der Mensch sich oft ganz falsch einschätzt und vielleicht deshalb sein Glück nicht findet.

Nehmen Sie den meisten Menschen nicht ab, wie sie sich geben?

Das stimmt tatsächlich. Ich glaube aber auch, dass es sehr schwierig ist, ganz eins mit sich zu sein. Im Gegenteil: Das Leben ist eben eine Suche nach sich selbst.

Als was produzieren Sie sich denn gerade?
Das herauszufinden ist doch Ihre Aufgabe!

Ich stelle nur Fragen.
Tja, als was gebe ich mich gerade? Das Problem ist ja, dass die Außen- und die eigene Wahrnehmung nie zusammenpassen. Nun ja, ich gebe jetzt gerade die Regisseurin, oder? *(lacht)*

Ja, und das absolut souverän und glaubwürdig.
In »Mein Freund aus Faro« gibt sich ein Mädchen als Junge aus. Es weiß nicht, wie und als wer es leben möchte, und probiert beides aus: das Mädchen und den Jungen.

Ist Mel, die Hauptfigur, für Sie eigentlich lesbisch?
Für mich ist das keine Coming-out-Geschichte, sondern eine über die erste große Liebe. Deshalb bleibt das bei Mel für mich offen.

»Mein Freund aus Faro« wurde nicht zuletzt auf schwul-lesbischen Filmfestivals zum weltweiten Renner. Zahllose Blogs der Community beschäftigen sich mit Nana Neuls Film. Zu sehen war er unter anderem in Malmö und Melbourne, in Turin und Taiwan.

Der Film läuft seit fast anderthalb Jahren und hat unglaublich viel Anerkennung gefunden. Gab es auch Verrisse?
Ja, in der Süddeutschen. Da war jemand sehr wütend auf mich, glaube ich. Der hat gemeint, dieser Film könne sich nicht entscheiden und sei so ein bisschen von allem. Aber genau das wollte ich ja auch! Die Hauptfigur Mel sitzt halt zwischen allen Stühlen, und diese Stimmung wollte ich schildern. Aber der Kritiker hat mir genau das ins Negative gedreht.

In diesem Zusammenhang fällt mir ein Zitat von Ihnen ein: »Ich mag diese ganzen deutschen Sozialdramen nicht.« Was ist damit gemeint?
Dass diese Filme meistens so deprimierend sind. Dass sie immer in der Vorstadthölle spielen und dass alles so »dunkel« ist. Ich finde, dass man ein dramatisches Thema auch heiter, auch mal »hell« erzählen kann.

Sie sind zwar aus Werther in Westfalen, aber das klingt nach kölschem Optimismus.
Nein, ich bin gar nicht so optimistisch. Oder doch, eigentlich schon. Na gut, ich bin eine Part-Time-Optimistin.

Apropos Optimismus: Wissen Sie, wie viele Drehbücher tatsächlich verfilmt werden?
Oh, ein Bruchteil, sicher unter ein Prozent.

Und welche Konsequenzen sollte man daraus ziehen?
Wenn man optimistisch ist, sagt man: Das schreckt mich nicht ab. Aber in jedem Job ist es schwierig, erfolgreich zu sein.

Was motiviert Sie? Leidenschaft?
Ich glaube schon, dass man Leidenschaft braucht, weil: So viel Geld verdient man ja nun nicht dabei.

 *März 2009*

Nana Neul wurde 1974 in Werther bei Bielefeld geboren. Von 1995 bis 2000 studierte sie an der Kölner Kunsthochschule für Medien. Seitdem entstanden zahlreiche Drehbücher und Kurzfilme.
Mit ihrem ersten Langfilm, »Mein Freund aus Faro«, gewann sie 2008 den Max-Ophüls-Preis für das beste Drehbuch. Er handelt von der 22-jährigen Mel, die sich fühlt und kleidet wie ein Junge. Als sie sich in die Schülerin Jenny verliebt, wird ihr Leben ziemlich kompliziert. Im Gegensatz zu dem thematisch vergleichbaren US-Streifen »Boys Don't Cry« geht Nana Neuls Geschichte jedoch mit einem Hoffnungsschimmer zu Ende (s. auch www.nananeul.de bzw. www.meinfreundausfaro.de). Nana Neul wohnt im Belgischen Viertel.

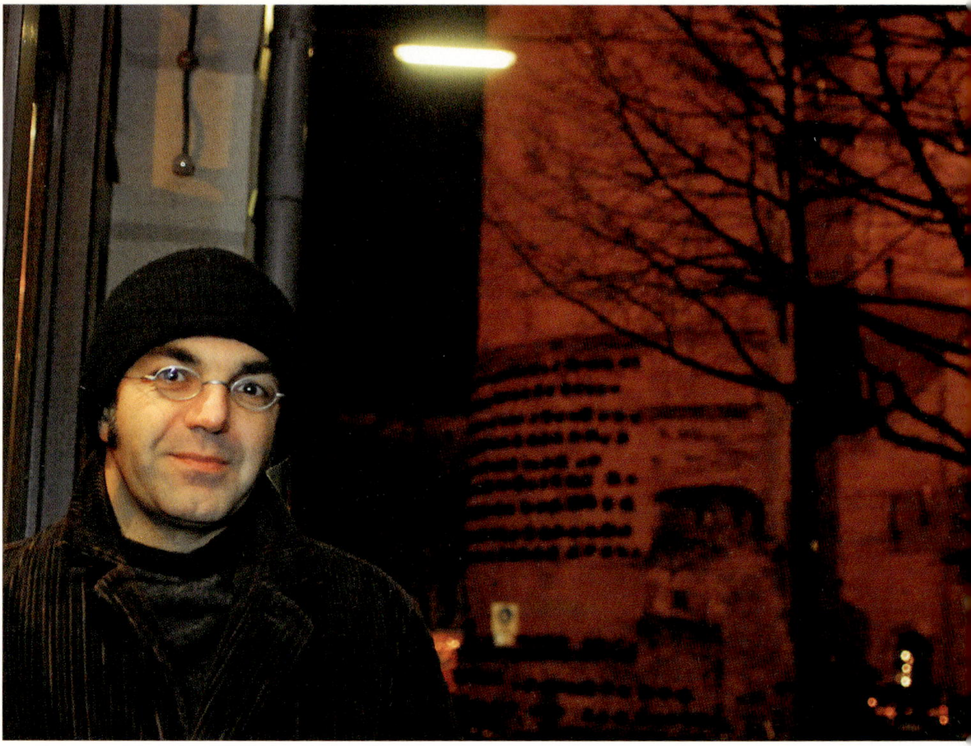

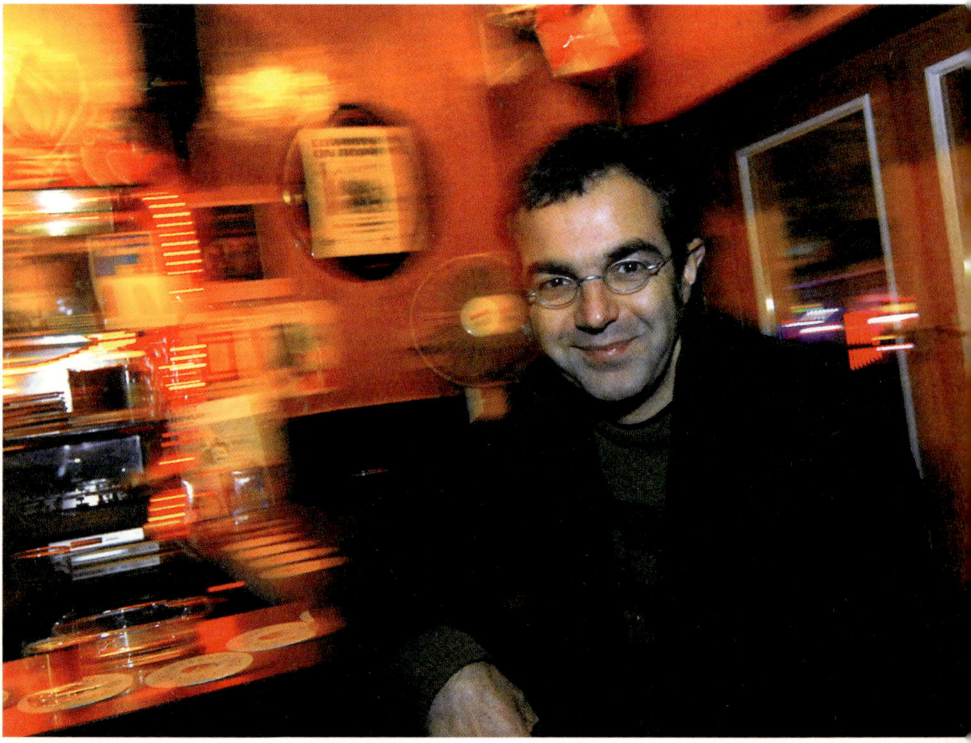

»Sogar die Prostituierten werden mit mir alt«

Navid Kermani | Schriftsteller und Islamwissenschaftler

Mit Navid Kermani ist ein »erwandertes« Interview vereinbart, Treffpunkt Eigelsteintorburg. Um mir sein Viertel zu zeigen, biegt er schnurstracks auf den Eigelstein ab, die Hautptschlagader des Quartiers.

Sie leben seit fast 20 Jahren im Eigelstein. Haben Sie sich mit dem Viertel entwickelt?
Ich sehe die Verrückten und Übergeschnappten und denke manchmal: Genau für so einen halten die mich inzwischen auch. Sogar die Prostituierten hinter den Fenstern werden mit mir alt. So langsam gehöre ich hier wohl zum Inventar.

Sie haben einmal davon gesprochen, dass man einem Ort eine gewisse Loyalität entgegenbringen sollte. Was meinen Sie damit?
Für mich bedeutet das zunächst einmal, dass ich gegenüber dem, was ich gerne habe, kritisch eingestellt bin. Loyalität bedingt die Kritik, auch wenn ich reise. Ob in Ägypten oder Indien, bei meinen Reportagen geht es nicht

um die schönen Landschaften oder Städte, sondern um die Verbrechen, die Grausamkeiten, den Krieg. Und eigentlich kann ich das erst machen, wenn ich diese Länder gerne habe.

»Ich merke, wie ich allmählich zum Kölner werde«

Sie sind gebürtiger Siegerländer mit persischem Hintergrund. Also in Köln ein Imi.
Als Zugezogener fällt es mir leichter, diese Stadt zu mögen. Die Schriftsteller, die hier geboren sind, haben und hatten ja meist eine Hassliebe zu Köln. Andererseits merke ich, wie ich allmählich selbst zum Kölner werde: Mir gehen, je länger ich hier lebe, immer mehr Dinge auf den Wecker.

Warum haben Sie sich nach der Schule für Köln entschieden?
So blöd es klingt: wegen dem FC! Meine ganze Kindheit hindurch war ich der einzige FC-Fan. In Siegen hält man es eher mit Schalke oder Dortmund.

Die Antwort kommt wie aus der Pistole geschossen. Kermani ist FC-Fan aus tiefstem Herzen, nicht selten taucht der Verein in seinen Feuilletons auf.

Ist der Eigelstein kölsch?
In den letzten 20 Jahren hat sich hier vieles verändert. Zum einen ist das Viertel hipper geworden, zum anderen hat sich eine türkische Mittelschicht etabliert. Früher gab es auf der Weidengasse lediglich türkische Tante-Emma-Läden – so wie man sie heute noch im Tatort darstellt, mit dem Foto von der Hagia Sophia an der Wand und im Sommer wegen Heimaturlaub für vier Wochen geschlossen. Heutzutage dominieren türkische Supermärkte, große und sehr preiswerte türkische Restaurants mit Plastiktischdecken, in denen vor allem die Türken selbst sitzen, aber eben auch die deutsche Rentnerin, weil die Suppen dort so gut sind und der Tee kostenlos. Und in den türkischen Cafés sieht man morgens auch mal deutsche Müllmänner. Das wäre vor 20 Jahren undenkbar gewesen.

Der Eigelstein als das kölsche Kreuzberg?
Nein, hier ist alles sehr viel idyllischer, kleiner. Kreuzberg, auch Köln-Mül-

heim, ist viel härter. Die Konflikte zwischen den Kulturen betreffen hier eher den BMW-Fahrer, der einem die Vorfahrt nimmt, oder die türkische Mutti, die sich an der Fleischtheke vordrängelt.

Was halten Sie in diesem Zusammenhang von den typischen Klischees, der Kölner an sich sei offen und tolerant?

Die Rotlichtkneipen gen Bahnhofsunterführung haben wir hinter uns gelassen, auch die Gaffel-Brauerei. Aus dem Weinhaus Vogel schwappt buntes Palaver auf die Straße, früher Abend, die Kneipe ist voll. Kermani bleibt einen Moment stehen.

Die Atmosphäre in Köln ist anders als in jeder anderen deutschen Stadt. Das merke ich immer sofort, wenn ich wieder hier bin. Du gehst in einen Laden oder meinetwegen eine urkölsche Kneipe, und die Leute sehen dich offen an. Hier herrscht ein Klima, in dem man sich sofort wohlfühlt. Das findest du in Berlin nicht, in Siegen schon gar nicht.

»Natürlich gibt es auch hier Faschisten«

Woran liegt das?

Das hat natürlich auch mit dem Dialekt zu tun: Wenn hier quer über die Straße auf Kölsch gebrüllt wird, dann klingt das zunächst einmal weich. Das gleiche Gebrüll auf Hochdeutsch oder in Bayrisch, und ich würde wahrscheinlich zusammenzucken. Natürlich gibt es auch hier Faschisten, es gibt »pro Köln«, und in der Nazizeit war Köln nicht das gallische Dorf, als das es sich gern darstellt. Aber diese kölsche Ideologie – jede Jeck es anders – überträgt sich durch die ständige Wiederholung auch aufs Gemüt. Die wird dadurch sozusagen zum Selbstläufer.

Köln als Paradebeispiel für gelungene Integration?

Nehmen wir die Samstage im Müngersdorfer Stadion. Regelmäßig singen da 40.000 Leute die Zeile »Wir sind multikulturell« aus »Viva Colonia«. Auch die Rechten müssen das mitsingen, das gibt es in keinem anderen deutschen Stadion.

Kermani spricht davon, dass Köln ihn regelrecht »eingelullt« habe, was seine Kritikfähigkeit gegenüber der Stadt betrifft. Anders als auf Reisen trägt er hier gern die rosa Brille. Sei dies ein Akt der Loyalität oder der Assimilation, auf jeden Fall ist es eine sehr kölsche Herangehensweise.

Gibt es im arabisch-persischen Bereich Orte, die Sie an Köln erinnern?
Ja, vor allem die uralten Städte wie Isfahan oder Kairo, in denen Vielfalt etwas Normales ist und die an einem Fluss liegen. Auch Köln ist eine sehr alte Stadt, dazu gehört das Kaputte, die Kriegszerstörungen, aber auch die große Kirche. Jede Zeit, jede Kultur hat ihre Ablagerungen hinterlassen, und nach den Türken werden andere kommen. Für mich wäre es ausgeschlossen, in einem »ethnisch reinen« Gebiet zu wohnen, egal wo auf der Welt.

»Das ist ein Ort, an dem Wunder geschehen«

Eine Gruppe junger Türken überholt uns, einer schwenkt eine Bierflasche. »Normal trinke ich lieber Früh, aber Reissdorf war kälter«, sagt er ungefragt. Wir betreten den Durst, Kermanis Stammkneipe auf der Weidengasse. Sie ist eng, düster und laut, eine perfekte Kaschemme, die er in seinen Büchern mehrfach beschrieben hat.

Warum ist in diesem ethnisch so gemischten Eigelstein ausgerechnet der Durst zu Ihrer Lieblingskneipe geworden?
Schwer zu erklären. Das ist ein Ort, an dem Wunder geschehen, innere Wunder. Zum Konzept »Stammkneipe« gehört ja eigentlich, dass dort immer das Gleiche passiert. Hier im Durst ist das genau umgekehrt. Obwohl oder wahrscheinlich gerade weil er nach nichts aussieht, erlebt man jeden Abend, jede Nacht eine Überraschung, und oft eben auch: magische Begegnungen.

Sie spielen hier zudem seit Jahren in der Thekenmannschaft.
Ja, das ist auch eine Entwicklung, von den Sportfreunden Siegen zum Durst. Letztes Jahr habe ich mir beim Fußball ein Bein gebrochen, zum ersten Mal in meinem Fußballerleben. Eigentlich wollte ich immer der klassische Mittelfeldregisseur sein, einer wie Zico oder der große Heinz Flohe. Aber inzwischen habe ich mich in den eigenen Strafraum zurückgezogen und spiele nur noch Libero.

Kermani bestellt noch ein Kölsch, dann will er essen gehen. Deutsch oder tür-kisch? – Kölsch, entscheidet er, also spazieren wir auf ein Schnitzel ins nächste Brauhaus. Dass wir zwei Stunden später wieder im Durst aufkreuzen, ist eine andere Geschichte.

Januar 2008

Nachtrag: Bundesweites Aufsehen erregte im Mai 2009 die Verleihung des Hessischen Kulturpreises an Navid Kermani. Nach Protesten der Mit-Preis-träger – Kardinal Karl Lehmann und der frühere evangelische Kirchenprä-sident Peter Steinacker – wurde dem Kölner die Auszeichnung zunächst wieder aberkannt. Auch der hessische Ministerpräsident Roland Koch (CDU) hatte sich maßgeblich gegen Kermani als Preisträger ausgesprochen. Erst nach wochenlangen Querelen kam es zu einer Aussprache und einer Revidierung der Preisrücknahme.

Navid Kermani, geboren 1967, wuchs als vierter Sohn iranischer Eltern in Siegen auf. Seit 1988 lebt er in Köln. Der habilitierte Orientalist ist einer der gefragtesten deutschen Islamwissenschaftler. Außerdem arbeitet er als Theaterregisseur und ist Autor von mehreren Romanen und religionsphilosophischen Büchern sowie einem Kinderbuch. Ab Februar 2008 war der lei-denschaftliche FC-Fan für ein Jahr Stipendiat der renommierten Villa Massimo in Rom. Bei seinen Auftritten als Hobby-DJ fehlt selten ein Stück von Willi Ostermann. »Ach wat wor dat fröher schön doch in Colonia« ist sein kölsches Lieblingslied.

»Es ist Leidenschaft und Zwang zugleich«

Dirk Unschuld | FC-Fan und Sammler

Einmal im Monat öffnet Dirk Unschuld das FC-Museum unter der Nord-kurve des RheinEnergieStadions. Heute hat er es nur für mich aufgeschlossen, und als echter Sammler hat er auch etwas mitgebracht: einen Ordner mit historischen Ausgaben des GeißbockEchos, säuberlich abgeheftet und in Klar-sichtfolie verpackt.

Der 1. FC Köln ist ein Verein, der seit über 25 Jahren keinen Titel mehr geholt und seit Anfang der 1990er keinen guten Fußball mehr gespielt hat. Stimmt's?
Was die Titel angeht, stimmt das. Und was den guten Fußball betrifft, nun ja: Abgesehen von einigen Phasen stimmt das leider auch.

Warum ist man trotzdem Fan eines solchen Clubs?
Das ist in meinem Fall einfach: Der FC ist mein Heimatverein, und als Kind waren Toni Schumacher und Pierre Littbarski meine Idole.

Und seit Ihrer Kindheit haben Sie die weltweit größte FC-Sammlung aufgebaut?

Dirk Unschuld grinst an dieser Stelle. Ein gewisser Stolz schwingt wohl auch mit. Dennoch antwortet er mit Bedacht.

Es gibt sogenannte Allessammler, bei denen es vom Aufnäher bis zur Kaffeetasse geht. Da mögen welche dabei sein, die breiter gefächert sind als ich. Aber in Sachen Druckerzeugnisse und Publikationen dürfte ich die größte Sammlung haben. Mir ist jedenfalls nichts Gegenteiliges bekannt.

»Irgendwann war ich scharf auf diese Wimpel«

Wie muss man sich die Ausmaße Ihres Archivs vorstellen?
Das sind zum Beispiel Tausende von Heften, alles, was der FC seit seiner Gründung jemals veröffentlicht hat. Bis 1957 gab der FC nur sogenannte Vereinsnachrichten heraus, ab dann das Geißbockecho. Leider fehlen mir ein paar wenige Exemplare aus dieser Frühzeit, aber vielleicht liest ja jemand dieses Interview, der im Keller noch ein paar Schätzchen liegen hat.

Wie fing das bei Ihnen an?
Früher gab es zu den Europacup-Spielen immer einen Spielwimpel, den sich die Fans kaufen konnten. Als Kind habe ich ja noch die letzten internationalen Auftritte des FC miterlebt und mir bei den Gelegenheiten mit dem zusammengekratzten Taschengeld diese Wimpel gekauft. Irgendwann war ich dann auch scharf auf Wimpel von Spielen, bei denen ich nicht dabei war. Und so ging das los mit dem Sammeln.

Sammeln kann Leidenschaft sein, aber auch Zwang. Wie ist das bei Ihnen?
Da haben Sie genau den Punkt getroffen: Es ist Leidenschaft und Zwang zugleich.

Wo verläuft die Grenze zum Zwanghaften?
Also was mich betrifft, ist es schon wirklich extrem. Man versucht eben, alle Register zu ziehen, um an weiteres Material zu kommen. Man durchkämmt das Internet, fährt zu Sammlerbörsen, führt endlose Telefonate … Man

quatscht sogar Leute an, einfach nur, weil die schon lange zum FC gehen und womöglich etwas gehortet haben könnten.

Klingt ziemlich aufwendig.
Ja, da geht ein Gros meiner Freizeit für drauf. Meine Frau schlägt immer die Hände über dem Kopf zusammen, wenn ich wieder mit irgendwelchen alten Bananenkisten ankomme.

Tja, was wollen Sie denn mit dem alten Kram?
Wie gesagt, es geht um Leidenschaft und Zwang. Da ist die Sehnsucht, eine Sammlung komplett zu machen. Und auch wenn es ein bisschen pathetisch klingt: Ich möchte gern die Geschichte dieses Vereins für die Nachwelt bewahren.

Schwingt da nicht auch so ein männlich-archetypisches Jagdfieber mit?
Doch, mit Sicherheit. Es ist immer ein tolles Gefühl, wenn man wieder etwas gefunden hat, das man in seine Sammlung einreihen kann.

Ihnen fehlen noch ein paar frühe Geißbockechos. Was würden Sie dafür tun, sie zu bekommen?
Schwierig zu sagen. Aber ich arbeite ja permanent daran, allein schon durch die ewige Recherche und die Suche nach Leuten, die so etwas noch haben könnten.

Letzte Woche waren Sie nicht beim FC, sondern in England. Warum?
Um Fußball zu gucken und um englisch zu frühstücken.

Diese kleinen englischen Würstchen sind doch furchtbar!
Das kommt darauf an, wo man sie isst. So eine hausgemachte Gloucestershire-Sausage kann etwas sehr Leckeres sein. Man muss nur den richtigen Pub kennen. Ich liebe das englische Frühstück!

Aber Sie fahren auch wegen Aston Villa dorthin.
Ja, der Club ist meine zweite Liebe, ein paarmal im Jahr fahre ich deswegen auf die Insel.

Wie kam es dazu?
Eine Tante von mir hat einen Mann aus York geheiratet. Der hat mich Anfang der 1990er mal mit in den Villa-Park genommen. Aston Villa ist wie der FC ein Traditionsverein, eines der *founding members of the league*.

Gab es noch eine andere Initialzündung?

In der Sportschau kamen früher immer kurze Ausschnitte aus der englischen Liga, und schon da hat mir immer Aston Villa gefallen. Für mich  klang der Name gut, und ich mochte die Trikots – weinrote Shirts mit blauen Ärmeln.

Unschuld hat an jenem Sonntag ein 0:5 seines Clubs beim FC Liverpool gesehen. Dennoch bleiben die Villans – hinter dem mächtigen Kleeblatt Man U, Liverpool, Chelsea und Arsenal – 5. der Premier League.

Was denken Sie jenseits von Aston Villa über den englischen Fußball?

Ich denke, dass Mythen und Tradition schön sind, aber was da heutzutage abgeht, mit diesen russischen Öl-Milliardären und so weiter, das gefällt mir überhaupt nicht. Bei Aston Villa steckt auch ein US-Investor dahinter.

Sind Sie Traditionalist?

Auf jeden Fall! Man muss den Erfolg nicht um jeden Preis haben. Ich möchte, dass der FC auf klassische Art geführt wird, mit Klüngel und allen Stärken und Schwächen des Systems. Ein Verein darf nicht seine Identität verlieren.

Hehre Worte. Aber wenn er jetzt am Dom aufkreuzte, der russische Öl-Milliardär, und wenn er dann womöglich sogar sympathisch wäre: Würden Sie trotzdem keine Sekunde zögern, ihn wieder heimzuschicken?

Ich würde keine Sekunde zögern!

Ronaldo, Eto'o, Rooney in Müngersdorf – keine reizvolle Vorstellung?

Reizvoll schon, aber nicht auf diese Art.

Wolfgang Overath regiert doch auch als Alleinherrscher.

Mir ist schon klar, dass ein Verein feste Strukturen braucht, jemanden, der sagt, wo es langgeht. Ich kenne Wolfgang Overath nicht persönlich, aber ich würde schon denken, dass sein Herz für den FC schlägt.

Wir haben von Geld geredet. Sie arbeiten als Krankenpfleger.

Ja, ich betreue psychisch kranke Menschen in einer Sondereinrichtung. Alle Altersklassen von 18 bis 85.

Hört sich nach viel Arbeit, viel Verantwortung und schlechter Bezahlung an.

Es reicht, um meine Familie zu ernähren. Aber es ist schon so, dass all diese sozialen Berufe zu schlecht bezahlt werden.

Sind Sie vor diesem Hintergrund manchmal sauer auf die FC-Spieler?
Nä! Ich habe nichts dagegen, dass die mehr verdienen als ich. Allgemein wäre ich aber schon dafür, dass die Fußballgehälter auf ein erträgliches Maß reduziert würden. 100.000 Euro die Woche, wie man das zuweilen auf internationaler Ebene hat, das geht nicht. Da geht jede Verhältnismäßigkeit verloren.

Wir sitzen hier im FC-Museum, und dort in der Vitrine liegt eine Kopie der Meisterschaftsschale. Wann kommt das Original mal wieder nach Köln?
Ich fürchte, in absehbarer Zeit nicht.

Und in unabsehbarer?
Ich glaube, es ist auch die große Geschichte dieses Vereins, die die Fans daran glauben lässt, dass wir irgendwann einmal wieder Meister werden. Die Geschichte war auch das Faustpfand, um die Durststrecken der letzten Jahre zu überwinden. In England habe ich letztens gelesen: »Proud history, bright future«! Das sollte auch für den FC gelten.

Am nächsten Tag packt Dirk Unschuld wieder das Jagdfieber. Per Mail bittet er darum, seine Telefonnummer zu veröffentlichen, um etwaige Inhaber von FC-Raritäten kennenzulernen. Machen wir, ist doch klar: 0172/6862115.

 *März 2009*

Dirk Unschuld,

geboren 1974, ist examinierter Altenpfleger, seit 2001 arbeitet er in der Psychiatrie. Außerdem verfügt er über die weltweit wohl größte Dokumentensammlung zum 1. FC Köln. Er leitet das FC-Museum unter der Nordkurve des Stadions (geöffnet jeden ersten Mittwoch im Monat, 16–19 Uhr). Außerdem ist er Autor des maßgeblichen historischen Kompendiums »Im Zeichen des Geißbocks« (Werkstatt Verlag). Ebenfalls erfolgreich verkaufte sich sein Buch »Als der Geißbock Moped fuhr«, eine Sammlung von Kuriositäten und Anekdoten zum FC. Unschuld lebt mit seiner Frau und zwei Kindern in Grafschaft bei Bad Neuenahr.

»Kölsch könnte man genauso gut aus Maßkrügen trinken«

Peter Esser | Braumeister

Durch die Braustelle an der Venloer Straße ziehen würzige Schwaden. Peter Esser hat die Maische angesetzt, in einem großen Kessel köcheln 600 Liter eines braunen Suds vor sich hin. Hopfen und Hefe warten noch auf ihren Einsatz, und nach drei Tagen im Gärkeller nennt man diesen Zaubertrank dann: Kölsch.

Können Sie sich noch an Ihr erstes Bier erinnern?
Das muss so mit 12, 13 Jahren gewesen sein, und es war auf jeden Fall ein Alt!

Wie verlief der Weg von diesem ersten Schluck zum Braumeister?
Ich wollte zuerst bei Siemens als Kaufmann anfangen, aber irgendwann habe ich mal Bier gebraut, nach einer Hobbythek-Anleitung von Jean Pütz. Das fand ich so spannend, dass ich im Düsseldorfer »Füchschen« ein Praktikum gemacht habe. So fing das an.

Sie haben eine Kneipe und brauen auch nur für diese – das klingt nach jemandem, der sein Leben gern überschaubar hält.

Ja. Jetzt noch eine Kneipe aufzumachen und noch eine, das wäre nichts für mich. Ich bin jemand, der Stress nach Möglichkeit vermeidet, und ich setze mich auch abends gern mal selber an die Theke hier.

> »Ich setze mich auch abends gern mal selber an die Theke«

Welche Eigenschaften muss ein Brauer mitbringen?

In der Großbrauerei muss er früh aufstehen, das mache ich aber nicht, weil ich lieber lange schlafe. Er muss sauber und ordentlich sein bei der Arbeit, weil er sonst schlechtes Bier produziert. Und weil er mit Rohstoffen zu tun hat, muss er improvisieren können. Jede Gerstenmalzlieferung kann unterschiedlich ausfallen, jeder Getreidejahrgang ist anders, das ist wie beim Wein.

Mussten Sie schon mal 1.000 Liter wegschütten, weil etwas total schiefgegangen ist?

(lacht) Nein, so schlimm war's noch nie. Einmal hatte ich eine Lieferung von zu dunklem Malz, und dementsprechend sah dann auch das Kölsch aus.

Wo liegen die Knackpunkte beim Brauen, wo kommt es auf die Sekunde an?

Einmal beim Maischen, wegen der Verzuckerung der Stärke. Und dann beim Gären: Wenn die Hefe nicht mehr gut war, kann der Prozess ins Stocken kommen, dann habe ich nachher ein zu süßes Bier. Andererseits: Wenn die Gärung zu schnell vonstattengeht, dann findet später im Tank keine Nachgärung mehr statt. Das heißt, dem Bier fehlt die Kohlensäure, es schmeckt schal.

Und dann wird gepanscht?

Das wird dann verschnitten, also mit frischem Bier gemischt, um ein einheitliches Produkt zu erhalten. Das ist nicht ehrenrührig, sondern ein absolut gängiges Verfahren.

Hubert Heller, der andere Dissident der Kölner Brauerszene, verwendet ausschließlich Ökorohstoffe. Bringt das eigentlich etwas?
Für den Geschmack bringt das nichts. Höchstens für die Umwelt und natürlich für sein Portemonnaie.

Sie sind beide nicht Mitglied im Kölner Brauerei-Verband. Warum nicht?
Weil dort 1985 beschlossen wurde, dass Kölsch gefiltert und demgemäß klar zu sein hat. Und damit habe ich eben nichts zu tun. Ich wüsste nicht mal, wie man bei denen reinkommt.

Das in der Braustelle ausgeschenkte »Helios« ist dank der im Bier belassenen Hefe naturtrüb und dementsprechend reich an Vitamin B. Weil dieses Verfahren jedoch gegen die Regeln der Kölsch-Konvention, des Gesetzbuches der Kölschbrauer, verstößt, darf Esser sein Bier nicht als »Kölsch« verkaufen.

Hätte man als Mitglied dort nicht enorme Klüngelvorteile?
Keine Ahnung. Ich komme doch auch so gut zurecht!

Bei Gilden in Mülheim werden zig Biere, unter anderem Sion, Sester und Küppers, in Lizenz hergestellt – nach jeweils eigenem Rezept, wie immer betont wird. Darf man das glauben?
So richtig vorstellen kann man sich das nicht. Aber die Braumeisterkollegen sagen schon, dass dort jedes Kölsch nach eigenem Verfahren gebraut wird.

»Wer das schafft, kann bei ›Wetten, dass ..?‹ auftreten«

Inwiefern können sich solche Rezepte denn unterscheiden?
Zum Beispiel durch ihren Anteil an Weizenmalz, das der Gerste beigemischt wird. Je mehr Weizen, desto fruchtiger, spritziger wird das Kölsch. Dann gibt es natürlich auch verschiedene Hopfensorten, die mal mehr, mal weniger bitter sind. Und beim Brauprozess kann man auch steuern: Hohe oder niedrige Endvergärung ergibt eher vollmundiges oder trockenes Bier.

Können Sie mit verbundenen Augen alle Kölschsorten erschmecken?
Also, bei allem, was aus Mülheim kommt, wäre das äußerst schwer. Wer das schafft, kann bei »Wetten, dass ..?« auftreten.

Als gebürtiger Düsseldorfer brauen Sie hier auch Altbier. Was sind die brautechnischen Unterschiede zwischen Kölsch und Alt?

Statt einer Antwort zieht mich Esser zu zwei großen Papiersäcken am Rande der Anlage. Ich esse eine Handvoll dunkles, geröstetes Alt-Malz: Es schmeckt süßlich, aber auch ein bisschen nach Kaffeebohnen; und eine Portion helles, karamellisiertes Kölsch-Malz: Hier schmeckt man noch deutlich das Getreide heraus.

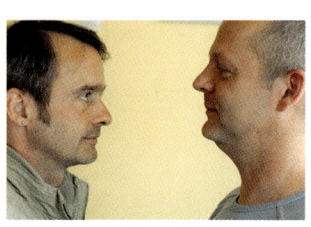

Warum hat sich nie eine Kölschmarke jenseits des Rheinlandes durchgesetzt?

Nun ja, viele sagen, Kölsch sei langweilig und schmecke nach Wasser. Und auf manche Sorten trifft das ja nun auch zu.

Köln wird außerdem für seine »Reagenzgläser« belächelt. Warum wird Kölsch eigentlich in so kleinen Portionen ausgeschenkt?

Ich glaube, das rührt von der Tradition der Pittermännchen her. Aus diesen Fässern wird ohne Kohlensäuredruck gezapft, und folglich enthält auch das Bier weniger Kohlensäure. In größeren Gläsern würde das sehr schnell schal werden.

Das heißt, normales Kölsch aus der Leitung wird nicht schneller fad als andere Biere?

Nein. Kölsch könnte man genauso gut aus Maßkrügen trinken.

Und die Schaumkrone zerfällt auch nicht schneller?

Das altbekannte Sieben-Minuten-Pils ist heute ein Mythos. Früher konnte man den Druck der Zapfhähne nicht kontrollieren, also kam das Bier voll rausgeschossen, und man hatte nur Schaum im Glas. In sieben Minuten verliert das Bier aber auch unheimlich viel Kohlensäure. Das bedeutet: Du hast zwar eine superfeste, hübsch anzusehende Schaumkrone, aber ein warmes, laffes Bier.

Viele überregionale Brauereien wie Krombacher oder Radeberger versuchen per Werbung, ihr Bier als Edelprodukt anzupreisen. Da wird normales Pils zum Champagner hochgejubelt.

Ich halte das nur für legitim, wenn in dem Bier auch wirklich etwas Edles drin ist, wenn man zum Beispiel besondere Rohstoffe verwendet. Wenn ich aber etwa Krombacher abfülle und da ein schickes Etikett draufmache, dann ist das ein Witz, reine Verarschung.

Warum?
Weil das ein ganz normales Fabrikbier ist, ohne jede besondere Note! Das wird schnell gebraut, mit billigem Bitterhopfen.

Meiner Meinung nach schmecken auch bayrische Biere oft viel laffer als Kölsch. Werden die deshalb in so großen Humpen ausgeschenkt?
(lacht) Man kann sich halt besser wehren mit diesen Krügen.

Der Deutsche Brauer-Bund klagt Jahr für Jahr über sinkende Absatzzahlen. Welchen Stellenwert hat Bier heute noch in Deutschland?
Immer noch einen sehr hohen. Ob als Feierabendbier, als Begleitung für ein deftiges Essen oder um sich einen Rausch anzutrinken. Und manche Menschen trinken Bier auch schlicht zum Genießen. Ich hatte hier schon Leute, die liefen extra wegen meinem Triple Bock auf. Wie sich dann herausstellte, kamen die aus Los Angeles und waren auf einer Biertournee durch Europa!

Auf der Venloer Straße steht inzwischen die Mittagssonne. Peter Esser schlendert zurück zu seinem Maischebottich, kniet nieder und kontrolliert die Temperatur des Gebräus. Die Braustelle öffnet um sechs, bis dahin wird das Bier im Gärkeller und der verlockende Dunst verflogen sein. Schade eigentlich.

 *Mai 2008*

Peter Esser,
geboren 1965 in Düsseldorf, ist diplomierter Braumeister. Nach seinem Studium an einer bayrischen TH arbeitete er zunächst für sechs Jahre im »Weißbräu« am Barbarossaplatz. Seit 2001 betreibt er die »Braustelle« in Ehrenfeld, Kölns kleinste Brauerei. Die Braukessel sind in den Speisesaal integriert, neben Kölsch und Alt produziert Esser hier verschiedene saisonale und Spezialbiere. Die Rohstoffe und Abfallprodukte kommen auch im Restaurantbetrieb zum Einsatz: Braustellen-Schnitzel werden mit Weizenmalz paniert, das Brot wird mit Malztrebern gebacken und das fertige Bier für die Soßen verwendet.

»Dieser Tor-Moment ist einfach der Hammer!«

Shary Reeves | Moderatorin

Wer Kinder im Alter zwischen 4 und 14 Jahren hat, der kennt es, das Studio von »Wissen macht Ah!«. Allabendlich ab 19.25 Uhr erklären hier Shary Reeves und Ralph Caspers, wozu das Ohrenschmalz dient, warum Brotscheiben immer auf die Marmeladenseite fallen oder wie man mit Zitronen Strom erzeugt. Vor dem Interview muss Shary Reeves noch schnell das Kostüm ablegen, in dem sie gerade das Märchen »Die Prinzessin auf der Erbse« nachgespielt hat.

Die 4 Reeves haben Anfang der 90er Jahre kölsche Raptexte in ihren Songs verwendet. Wie kamen Sie dazu?

Meine Geschwister und ich sind alle gebürtige Kölner. Wenn mich jemand fragt, wo ich herkomme, sage ich nicht »Deutschland«, sondern »Köln«.

Der Einsatz von Dialekt im Hip-Hop war innovativ: Heutzutage regieren dort alle möglichen Regionalidiome.

Genau. Wir haben nie viel Geld damit verdient, vielleicht weil wir der Zeit zu weit voraus waren. Tic Tac Toe sind mit ähnlichen Texten später sehr erfolgreich geworden. Wenn ich auf die 4 Reeves zurückblicke, macht mich das stolz, aber auch ein bisschen traurig. Wir waren gute Typen und mit Leib und Seele Bühnenmenschen.

Wer Shary Reeves im Fernsehen erlebt, sieht eine schlagfertige, beinahe übermütige Frau, die scheinbar kein Wässerchen trüben kann. Privat spricht sie eher leise und versucht, jede Frage genau zu verstehen, bevor sie antwortet.

»Wir waren mit Leib und Seele Bühnenmenschen«

Sie sind bei »Wetten, dass ..?« aufgetreten, aber auch am Wesselinger Entenfang. Was lernt man beim Über-die-Dörfer-Gehen?
Viel gelernt habe ich vor allem durch die Auftritte in Ostdeutschland. Kurz nach der Wende war das sehr abenteuerlich. Bis auf die paar Dösköppe da finde ich die Menschen sehr offen. Und habe festgestellt: Ostdeutsche sind anders!

Wie Brings in den Karneval wechseln – wäre das etwas für Sie?
Lange Zeit konnte ich mit Karneval nichts anfangen, bin aber vor ein paar Jahren wieder eingestiegen, eigentlich mit der »Superjeilen Zick« von Brings. Ich liebe Brings, die heben sich ab von den anderen Bands. Aber ich selbst stehe zu Karneval lieber auf der anderen Seite und feiere mit.

Sie wollten nicht wie jedes kölsche Mädchen mal Funkemariechen sein?
Definitiv nicht! Nie im Leben würde ich mein Bein so hoch kriegen wie die.

Bühnenauftritte und Fußballspiele weisen einige Parallelen auf: Beides ist live, man kann Begeisterung auslösen oder Buhs ernten. Wo liegen die Unterschiede?
Es ist mir in einem Meisterschaftsspiel mal gelungen, kurz vor Schluss das entscheidende Tor zu schießen. Das ist eine Euphorie, die kannst du mit der Bühne nicht vergleichen. Bühnensituationen wiederholen sich, aber dieser Tor-Moment, wenn es ein paar tausend Leute von den Sitzen reißt – das ist einfach der Hammer!

Drei Jahre kickte sie für Bad Neuenahr in der Fußball-Bundesliga. Heutzutage steht sie lieber mit Leuten wie Klaus Augenthaler, Ralf Rangnick oder Winfried Schäfer im Rahmen von Charity-Spielen auf dem Platz. Dass sie dem Ex-Gladbach-Keeper Jörg Stiel mal aus vollem Lauf einen Lupfer ins Netz setzte, erzählt sie immer wieder gern.

Wann ist man nervöser: vorm Match oder vorm Gig?
Bei mir geht vor beidem der Magen hops. Ich warte, bis alle aus der Kabine sind, und schließe mich dann auf dem Klo ein.

Was ist Ihre Position auf dem Feld?
Ich habe seltsamerweise immer auf links gespielt, obwohl ich Rechtsfüßerin bin.

Wie Philipp Lahm.
Genau. Diese Umkehrung wird ja im heutigen Profifußball von den Trainern ganz bewusst vorgenommen.

Apropos Umkehrung: Hat Ihre Hautfarbe Ihr Aufwachsen beeinflusst?
Unter Freunden überhaupt nicht. Auf dem Fußballplatz in Kalk waren ein paar Deutsche, aber auch viele Italiener und Türken. Da hat mein Aussehen genauso wenig eine Rolle gespielt wie die Tatsache, dass ich ein Mädchen unter lauter Jungs war. Ich bin auch nie als Letzte gewählt worden, und ins Tor habe ich mich prinzipiell nicht gestellt.

Zuletzt gab es in Kalk allabendliche Protestmärsche wegen eines toten Jugendlichen aus einer Immigrantenfamilie. Wären Sie mitmarschiert?
Damals bestimmt! Das spielt ja genau in die Sachen rein, die wir früher mit den 4 Reeves besungen haben. Und auch heute noch liegen mir Themen wie Ausländerfeindlichkeit und Integration sehr am Herzen.

»Ich bin nie als Letzte gewählt worden«

Im Januar 2008 war in Kalk ein Jugendlicher aus marokkanischer Familie von einem russischstämmigen Deutschen erstochen worden. Der Deutsch-Marokkaner soll zuvor versucht haben, seinen Kontrahenten auszurauben. Nachdem der Deutsch-Russe überraschend schnell wegen angeblicher Notwehr freigelassen wurde, formierte sich auf Kalks Straßen der Widerstand. Wochenlang mar-schierten – weitgehend friedliche – Protestler durchs Viertel, die Stimmung zwischen angestammten Deutschen und Immigranten war extrem angespannt.

Wie tolerant sind denn die Kölner?
Kölner sind verrückt, ausgefallen, auch geduldiger als andere. Meiner afri-kanischen Mentalität kommt das sehr entgegen. Ich finde auch das Klischee, Kölner seien oberflächlich, total bescheuert.

Vielleicht weil Sie nicht nur afrikanisch, sondern vor allem kölsch-afrikanisch geprägt sind?
Wahrscheinlich. »Küsst'e hück nit, küsst'e morje«, sagt man hier. Und der afrikanische Handwerker läuft eben auch drei Wochen später auf als angekün-digt.

»Ich bin ein guter Mensch!«

Woran kann man die kölsche Eigenart festmachen?
Mein Lieblingsbeispiel: über einer hässlichen Straße wie der Nord-Süd-Fahrt an einem abgrundtief häss-lichen Gebäude den Spruch »Liebe deine Stadt« an-zubringen. Das gibt es nur hier, das ist für mich Köln, und Köln ist Deutschland!

Für die Serie »Marienhof« hat Shary Reeves zwei Jahre in München gelebt, außerdem lange in Berlin und Hamburg gearbeitet. Köln sei frei von der über-triebenen Coolness und dem Chichi dieser Städte. – Sie muss es wissen.

Wo sind die Grenzen?
Ganz klar: Wenn die Leute einem das Gefühl geben, du bist nicht von hier, du gehörst nicht dazu.

Sie engagieren sich für Kinderinteressen, Umweltschutz, biologische Viel-falt, die Krebshilfe, Nichtraucherkampagnen und Afrika-Initiativen – an-dere Prominente ernten für ähnliche Aktivitäten manchmal den Vorwurf des »Gutmenschen«. Können Sie mit dem Wort etwas anfangen?
Ich bin ein guter Mensch! Meine Schwester sagt immer: Du bist ein Schen-ker. Das ist meine Berufung. Selbst wenn man hin und wieder einen Arsch-tritt bekommt, daraus schöpfe ich Energie für den Alltag.

Sie sagen, Schauspielen sei Ihre Leidenschaft, Moderation Ihre Existenz. Aber mit den zwei Jahren »Marienhof« haben Sie diese Leidenschaft noch nicht ausgelebt, oder?
Bestimmt nicht! Als Kind habe ich davon geträumt, auch einmal auf der Oscar-Bühne zu stehen. Meine Dankesrede habe ich auch schon längst geschrieben.

In welchem Alter?
Mit zwölf.

Und für welche Rolle hätten Sie den Oscar gerne bekommen?
Als Nebendarstellerin in einem Drama von Paul Haggis.

Und bis er anruft, der oscargekrönte Regisseur (L.A. Crash), inszeniert Shary Reeves sich eben selbst. Zum Beispiel als Prinzessin auf der Erbse, jene junge Frau, die trotz zahlloser Kissen die harte Hülsenfrucht spürte, die sie um den Schlaf brachte. Dass Shary Reeves wegen ihrer zukünftigen Karriere ähnliche Probleme bekommt, steht nicht zu befürchten.

 *März 2008*

Shary Reeves,

geboren 1975, wuchs in Kalk auf. Gegen den Willen ihrer Mutter startete sie eine Laufbahn als Fußballerin, die sie bis in die Bundesliga führte. Anfang der 1990er Jahre gründete sie mit ihren drei Geschwistern die Hip-Hop-Band »4 Reeves«, die mit ihren kölschen Texten unter anderem beim legendären Arsch-huh-Konzert am 9. November 1992 auf dem Chlodwigplatz auftrat. Von 1996 bis 2000 moderierte sie den »Mausclub« und wirkte danach für zwei Jahre in der Daily Soap »Marienhof« mit. Seit 2001 läuft auf dem Kinderkanal inzwischen das erfolgreiche Format »Wissen macht Ah!«, das sie gemeinsam mit ihrem WDR-Kollegen Ralph Caspers leitet. Reeves, Ehrenmitglied des 1. FC Köln, ist nicht nur dem Fußball treu geblieben, sondern zudem eine leidenschaftliche Marathonläuferin.

»Bergab ist mir lieber«

Helmut Urbach | Ultramarathonläufer

Das Vereinsheim des GSV Porz liegt in morgendlicher Ruhe. Hinter einem vollgepackten Tisch lehnt ein Schaukasten mit Hunderten von Medaillen. »Hat wohl jemand vergessen wiederaufzuhängen«, meint Helmut Urbach, und: »Die sind alle von mir.«

Waren Sie heute schon laufen?
Nein, noch nicht. Ich mache ja einen 400-Euro-Job als Hausmeister, und mein Kollege ist gerade in Urlaub. Das ist die Wohnanlage, in der ich 27 Jahre als Hausmeister gearbeitet habe.

Sie haben Ihr ganzes Leben in Porz verbracht?
Die Eltern meiner Frau hatten vier Schuhgeschäfte in Schwörstadt und Weil am Rhein, die wollten wir übernehmen. Aber dann gab es Krach mit meinem Schwager, und drei Monate später war ich wieder hier. Das war meine einzige Zeit außerhalb von Köln.

Was ist der Unterschied zwischen Joggen und Langlaufen?

Beim Joggen bist du langsamer, gehst nicht an die hohen Frequenzen. Aber besser, die Leute joggen, als dass sie gar nichts tun. Wird ja immer schlimmer, die Kinder werden immer dicker. Wir haben hier beim GSV auch praktisch gar keinen Nachwuchs mehr, die hängen alle nur noch am Computer.

> »Die Kinder werden immer dicker«

Im Gegensatz zu Ihnen. Ich bin mal 100 Kilometer Fahrrad gefahren. Sie sind diese Strecke zig Mal gelaufen.

Ich habe 26 100-Kilometer-Rennen gewonnen. Und normalerweise wäre ich heute in der Schweiz.

Im Schweizer Städtchen Biel fand am Tag des Interviews der traditionsreichste Ultramarathon Europas statt. Helmut Urbach gewann diesen Lauf zwischen 1967 und 1980 sieben Mal.

Wie lange bräuchten Sie heutzutage für diese Strecke?

Wahrscheinlich um die 15 Stunden, ich habe ja die Knie kaputt. Insgesamt habe ich 27 Operationen hinter mir. Aber ich war in Biel der Erste unter neun, unter acht und unter sieben Stunden.

Wie fühlt man sich denn, sagen wir mal, bei Kilometer 76?

Ach ja, man hat schon mal ein Tief. Dann bist du k. o., und dann sind dir noch die Verfolger im Nacken. Wenn einer nur zwei Minuten hinter dir ist, dann kannst du auf den letzten 20 Kilometern eben keine Pause machen.

Hatten Sie Tricks, um sich beim Laufen von Schmerzen und Erschöpfung abzulenken?

Die meisten essen vor dem Rennen nichts. Ich habe vorher aber immer Schnitzel und alles Mögliche gegessen. Ich weiß noch, beim 100-Kilometer-Lauf in Unna: Da waren die sich vor dem Rennen alle am Warmlaufen, und ich habe mein Schnitzel gegessen und denen zugeguckt.

Was bringt so ein Schnitzel vorm Rennen?

Diejenigen, die immer nur Bananen essen, werden nach 30, 40 Kilometern schlapp. Das ist dann eben die falsche Ernährung. Aber ich hatte immer das Schnitzel im Magen und war satt.

Nach 76 Kilometern hat man immer noch 24 vor sich. Eine grauenhafte Vorstellung.
(deutet auf seinen Kopf) Das muss hier oben sitzen.

Helmut Urbach beginnt dieses Interview fast schüchtern, aus kleinen Augen taxiert er sein Gegenüber. Aber mit zunehmender Dauer spricht er sich warm und verfällt in ein durch und durch kölsches Plaudern. In der direkten Ansprache vermeidet er das Sie und benutzt stattdessen den bei älteren Kölnern sehr beliebten Pluralis majestatis, also die 2. Person Plural.

Was muss denn da oben sitzen? Eiserner Wille?
Ja, man muss ankommen wollen. Vor meinem ersten Start in Biel hatte ich noch nicht mal einen Halbmarathon hinter mir. Aber ich bin einfach immer weitergelaufen und auf Anhieb Vierter geworden. Und 1967, ein Jahr später, habe ich gewonnen.

Sie haben in der Folge drei Mal den Weltrekord gebrochen.
Ja, in Italien bin ich damals nur angetreten unter der Bedingung, dass die die 100 Kilometer messen. Da muss man am Ende aus dem Aostatal auf 800 Meter hoch, aber oben war man erst bei Kilometer 94. Da bin ich eben noch mal sechs Kilometer runtergelaufen, und das war dann Weltrekord.

Laufen Sie lieber hoch oder runter?
Beim Ultramarathon in Florenz geht es die ersten 50 Kilometer nur bergauf, bis auf 1.100 Meter. Da hatte ich mal zehn Minuten Rückstand auf den Führenden, aber bergab hatte ich den dann ganz schnell wieder ein. 1975 war das, den Lauf habe ich dann auch gewonnen. Also: Bergab ist mir lieber.

Wie sah es in den 1960er Jahren langlaufmäßig in Köln aus?
Wir bekamen immer sehr wenig Unterstützung. Sprinter galten als intelligent, Langläufer nicht, und so wurden wir auch behandelt. Es hat damals nie einen studierten Langlaufmeister gegeben, das waren alles Handwerker, wie ich.

Vorm Lauf muss man unbedingt Schnitzel futtern, sagen Sie. Haben Sie sich auch ansonsten nach Ihrem Sport ausgerichtet?
Nä, nie! Ich habe immer mein Bier getrunken, mache ich heute noch. Wenn Sonntag ein Wettkampf war, dann habe ich samstags eben ein bisschen weniger getrunken.

Interviewer und Fotograf lachen an dieser Stelle. Helmut Urbach jedoch erzählt solche Geschichten ganz nüchtern. Unter Langläufern ist er seit seiner Frühzeit als Spaßmacher bekannt. Wie ein guter Entertainer weiß er, wie man die Leute mit gezielten Anekdoten unterhält, ohne selbst feixen zu müssen.

Man sagt, Sie wussten Ihren Humor auch immer taktisch einzusetzen.

Ja, einmal habe ich zum Beispiel meine Frau mit dem Auto vorgeschickt. Die sollte den Führenden etwas täuschen und sagen, dass ich ihn gleich einhole. Und dann ist dem sofort die Puste ausgegangen, der ist einfach stehen geblieben.

So abgeklärt, wie Sie daherkommen, kann ich mir die Frage sparen, ob Sie zum Laufen eine Philosophie haben, oder?

Na ja, beim Laufen denkt man über vieles nach, wie ein Philosoph: Wat macht der Blödmann hinter dir, kriegt der dich gleich oder nicht? Aber man darf das Laufen gar nicht so ernst nehmen. Diese ganzen Vorbereitungen, Laktattests und so weiter, da kann ich nur mit dem Kopf schütteln.

Dementsprechend waren Sie wohl auch nie ein Freund von isotonischen Getränken?

Nein, ich habe immer nur Wasser getrunken. Als das Zeug rauskam, vor 25, 30 Jahren, haben die meisten Durchfall davon bekommen.

Dann lieber ein Bierchen, oder?

Vor einem Marathon in Nürnberg stand der Bürgermeister da und wollte den Lauf starten. Der hatte einen Krug Bier in der Hand, da habe ich gesagt: Darf ich mal? – Und habe den leer getrunken. Haben mich natürlich alle angestarrt, aber ich sage: Tja, das sind Vitamine!

War das Show oder Ernst?

Ich habe auch manchmal ein Bier zwischendurch getrunken, mitten im Lauf. Das peppt auf!

Also doch eine Philosophie! Sie sind mit dem Laufen ziemlich weit herumgekommen.

Ich war bester Europäer beim Boston-Marathon, bin den Marathon rund um den See Genezareth gelaufen, den Hawaii-Marathon und den Pharaonenlauf über 100 Kilometer in Kairo, davon 40 km durch die Wüste bei 34 Grad. Und eines der längsten Rennen führt von Athen nach Sparta. Da steht immer nach 80 Kilometern ein Posten, den du nach dem Weg fragen musst. Und der sagt dann: Noch 170 Kilometer, dann haben Sie das Ziel erreicht. Insgesamt läuft man da 249 Kilometer.

Sie sind 249 Kilometer gelaufen?
Ja, mit 57. Beim ersten Mal habe ich aufgegeben, bin aber wieder hingefahren und 33. geworden. Da läufst du einen Pass von über 1.000 Metern hoch. Da oben ist es stockdüster und eiskalt. Und der Boden besteht aus Geröllmassen, das kann man sich gar nicht vorstellen. Da stand die Bergwacht und hielt Laternen hoch, damit man sich einigermaßen orientieren konnte.

Wie lange haben Sie gebraucht?
33 Stunden, tagsüber bei 30 Grad.

Und wie ging es Ihnen danach?
Im Ziel bei dem Arztcheck habe ich gesagt: Mann, jetzt könnte ich eine Flasche Bier vertragen! Und wie es der Zufall will, steht da eine Kölnerin mit dabei, die hat das verstanden. Kein Problem, hat die gesagt, und so habe ich da tatsächlich ein Bier bekommen.

Auf dem Weg zum Parkplatz erzählt Urbach kopfschüttelnd, dass sogar viele Ü-70-Läufer heutzutage gedopt sind. Auch Kölsch ist im Blut nachweisbar, aber auf der Dopingliste scheint es nicht zu stehen.

 *Juni 2009*

Helmut Urbach

wurde am 17. Juni 1942 geboren. Der gelernte Dreher kam in den 1960er Jahren zum Ultramarathon. Urbach gewann in seiner Karriere 26 100-Kilometer-Läufe und stellte 1969, 1971 und 1974 (zwei Mal innerhalb eines Monats!) neue Weltrekorde über diese Strecke auf. Er war der erste Mensch, der die 8-, später die 7-Stunden-Schallmauer unterschritt. In Köln begann er 1973, Langlaufveranstaltungen zu organisieren, unter anderem den renommierten »Herbstlauf«, der früher unter dem Namen »Rund um das Gestüt Röttgen« firmierte. Urbachs Geheimtipp: vor dem Rennen ein Schnitzel, danach eine Flasche Bier.

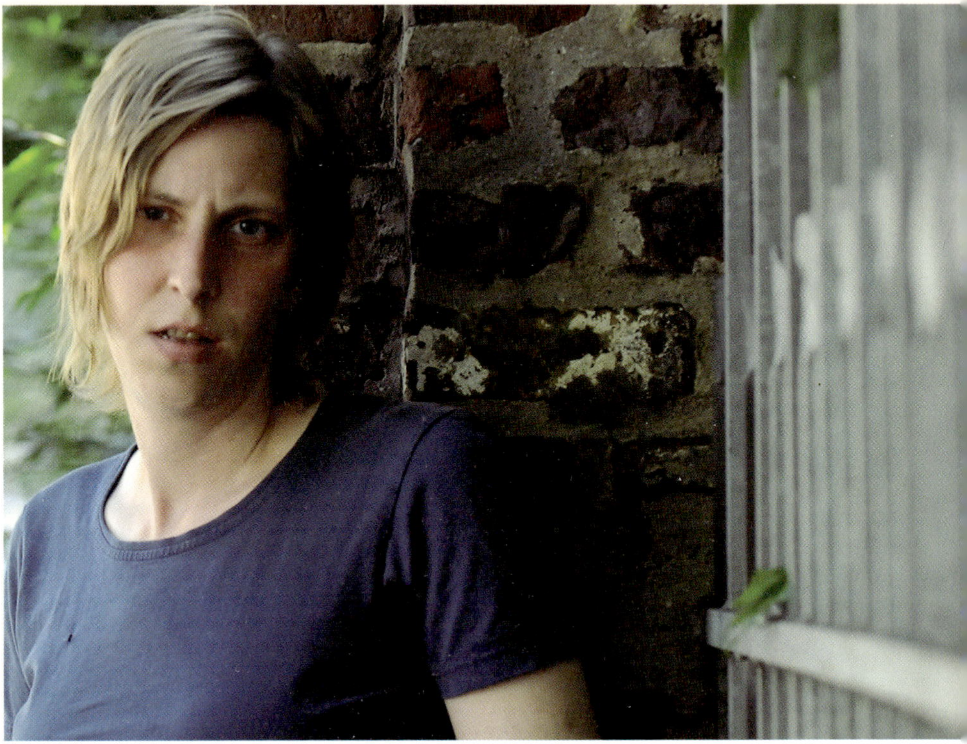

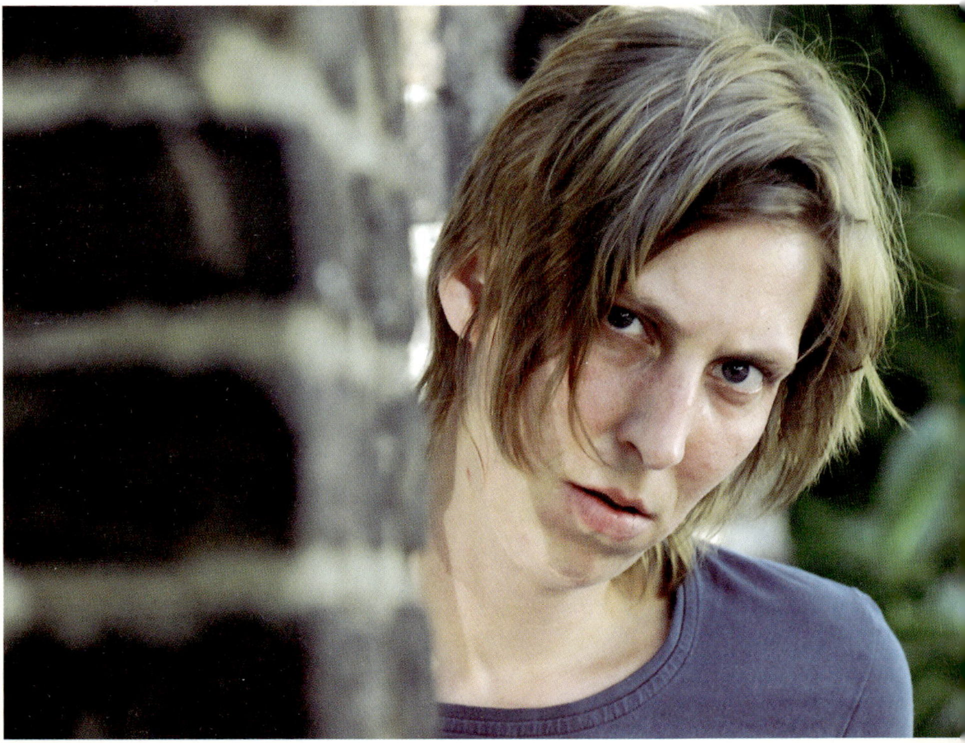

»Ich bin keine Jukebox«

Uta »Crazy« Titz | Straßenmusikerin

Uta Titz kommt gerade von einem viertägigen Liedermacher-Festival am Niederrhein und wirkt leicht ramponiert. In dem Raderberger Brauhaus bei ihr um die Ecke bestellt sie einen Espresso und Leitungswasser. Bis die Getränke kommen, ist auch schon die erste Zigarette gedreht.

Sie sind Straßenmusikerin, schreiben eigene Songs, haben aber 2003 auch ein Buch veröffentlicht. Wie kam es dazu?
Mir war schon als Kind klar, dass ich mal einen Roman schreiben wollte. Der Auslöser war dann die Lektüre dieses sogenannten Popromans »Faserland« von Christian Kracht. Dass so ein Snob in diesem Buch angeblich meine Generation vertritt, fand ich total ärgerlich. Und dann habe ich eben beschlossen, eine Gegendarstellung zu schreiben.

Die Protagonistin dieses Romans wird obdachlos. Sie haben auch auf der Straße gelebt. Wieso?
Ich hatte so eine romantische Vorstellung von Freiheit und Abenteuer, von

Unterwegssein, Rock 'n' Roll und so weiter. Also habe ich meine Ausbildung zur Buchhändlerin abgebrochen und das gemacht.

Was ist daran so reizvoll?
Ich bin schon als Teenie viel rumgetrampt, ich schlafe gern unter freiem Himmel, und ich habe mich schon immer mit Vorliebe unter die Freaks, die Außenseiter gemischt. Mich interessieren bis heute solche Leute, die verrücktes Zeug reden und nirgendwo dazugehören.

»Ich schlafe gern unter freiem Himmel«

Sie haben in der Sonne gelegen, Bier getrunken und gebettelt?
Mehr oder weniger, ja!

Solche recht unkonventionellen Antworten gehen bei Uta Titz nicht mit einem Lachen einher. Im Gegenteil sind sie so ernst wie ehrlich gemeint, der Frau geht es nicht um Coolness.

Das Leben auf der Straße hat etwas sehr Überschaubares. Du musst dich um nichts weiter kümmern als: Wer organisiert was zu essen, wer schnorrt 'ne Kiste Bier zusammen? Das finde ich bis heute sehr verlockend, vor allem, wenn ich schlecht drauf bin.

Bei Obdachlosigkeit denkt man aber zugleich auch an solche Dinge wie Dreck, Gefahr, Krankheiten oder auch Demütigungen.
Klar. Aber für mich als damals 21-Jährige waren Dreck und Gefahr nicht unbedingt etwas Negatives. Das hat dazugehört, und das wollte ich auch. Ich bin schließlich Waldorfschülerin, da brauchte ich mal einen richtigen Crashkurs in Sachen Realität. Und den habe ich auch gekriegt.

Kratzt das Betteln und Rumlungern nicht an der persönlichen Würde?
Das ist tatsächlich eines der ganz großen Themen auf der Straße. Die Berber, mit denen ich zu tun hatte, waren größtenteils sehr stolze Leute. Viele waren freiwillig auf der Straße und haben ihr Selbstbewusstsein über die Freiheit definiert, die man dort hat.

Obwohl man letztlich doch abhängig ist vom guten Willen anderer?
Ja. Und hinzu kommt so ein Gefühl, das sich auch bei mir eingestellt hat:

Das, was ich hier mache, das kann gar nicht jeder. Und viele von denen, die hier an mir vorbeigehen, sind vielleicht neidisch oder haben sogar Angst vor mir.

Zugleich ist man aber auch von einigem Elend umgeben. Der eine geht am Alkohol zugrunde, der andere erfriert im nächsten Winter …
Klar! Meine Clique, mit der ich damals rumgehangen habe, bestand neben mir aus sieben Leuten. Davon sind inzwischen sechs tot.

Und Sie selbst sind nicht auf den Hund gekommen?
Ich habe schon als Teenie ziemlich heftig gesoffen. Aber ich bin vielleicht auch der einzige Mensch, der auf der Straße aufgehört hat zu trinken. Ich habe zwar von morgens bis abends gekifft, aber ich war zwischenzeitlich zehn Jahre trocken.

Haben Sie als Obdachlose auch in Köln gelebt?
Ja, die meiste Zeit.

Macht man hier genauso Platte wie in Berlin, Freiburg oder sonst wo?
Man kann über Köln viel meckern, aber in der Hinsicht sind die hier schon ganz nett. Ich war damals mittendrin, als die ganzen Kids am Dionysosbrunnen lagen.

Im Sommer 1994 avancierte der abgelegene Platz unterhalb der Domplatte zum Lager für Dutzende von obdachlosen Jugendlichen. Nach wochenlangen Querelen zwischen der Stadt auf der einen sowie Protest- und Obdachlosenorganisationen auf der anderen Seite wurde das Areal schließlich geräumt.

Natürlich bin ich wie die anderen auf die Barrikaden gegangen. Aber von heute aus sage ich mir: Klar war die Stadt mit dieser Sache überfordert, klar mussten die da was unternehmen. Die haben sogar Zettel verteilt: Wir sollten uns die Hände waschen, wegen Seuchengefahr und so weiter. Total süß eigentlich, wie die sich da gesorgt haben.

Wie lange haben Sie auf der Straße gelebt?
Rund anderthalb Jahre. Und danach bin ich mit geschlossenen Räumen erst mal nicht mehr klargekommen.

Eine regelmäßig verfügbare Kaffeemaschine oder Dusche war problematisch?

Nee, die Dusche war schon geil! Dass ich seit mittlerweile 13 Jahren jederzeit warmes, fließendes Wasser habe, macht mich bis heute glücklich.

Werden Straßenmusikern in Köln viele Steine in den Weg gelegt?
In Köln ist es viel netter als, sagen wir mal, in Heidelberg. Dort kriegst du feste Plätze zugewiesen, alles ist total durchbürokratisiert.

Sind Sie als Straßenmusikerin eigentlich häufiger krank als andere oder im Gegenteil eher abgehärteter?
Ich glaube, eher abgehärtet. Interessant fand ich: Als ich irgendwann wieder eine Bude hatte, bin ich erstmal so richtig krank geworden.

Gibt es typische Straßenmusiker-Berufskrankheiten?
Rissige Lippen im Winter, und natürlich kaputte Finger. Ich habe auch schon mit Blut auf der Gitarre gespielt, fand ich ganz chic damals. Ich bin ja noch relativ jung, aber irgendwann werde ich wie alle anderen Straßenmusiker auch Gicht in den Fingern und Knien bekommen, das ist klar.

Die meisten Straßenmusiker spielen möglichst alte, abgeschmackte Hits. Sie nicht.
Ja, ich mache genau das Gegenteil. Ich spiele all das, was die Leute nicht kennen.

Wieso?
Wenn schon Straßenmusik, dann sollte man auch das spielen, was man wirklich mag. Die Leute bleiben schließlich freiwillig stehen, und auch ich will meine musikalische Freiheit dort ausleben. Ich bin keine Jukebox!

Würden Sie mit »Guantanamera« nicht ein paar Euro mehr machen als mit einem selbst geschriebenen Protestsong?
Vielleicht schon. Aber auch meine Musik wird durchaus gewürdigt. Verglichen mit anderen Kollegen bekomme ich schon ziemlich viel Silbergeld. Und das ist kein Mitleids-, sondern Anerkennungsgeld.

Haben Sie feste Arbeitszeiten?
Nee, das gelingt mir nicht. Aber montags gehe ich nicht raus, das ist mein Sonntag. Und ich fange halt nie vor sieben Uhr abends an.

Auch nach sieben gibt es bestimmt Momente, die richtig nerven.
Ja, die Junggesellenabschiede! Die kommen alle zu mir, so à la: Darf ich mal
die Gitarre? Oder: Spiel mal den und den Song! Die schicke ich alle in die
Wüste, das nimmt total überhand.

Dabei spielt sicherlich auch eine Rolle, dass Sie eine Frau sind.
Ja, aber vielleicht fragen Sie da auch die Falsche. Ich verhalte mich nicht so
richtig frauenspezifisch. Natürlich kommen manchmal sexistische Sprüche
und es gibt dumme Anmache, aber das juckt mich alles nicht.

**Straßenmusik verweht mit dem Wind. Studiomusiker hingegen schaffen
Bleibendes, etwa in Form von CDs. Haben Sie in dieser Hinsicht irgend-
welche Träume?**
Das ist mein großes Lebensziel: Zwei, drei Songs zu schreiben, die mich
überleben, die auch nach mir noch gesungen werden. Wäre natürlich sinnvoll, dafür eine CD aufzunehmen. Und damit fange ich demnächst auch
endlich mal an, das schwöre ich hiermit!

*Wer Uta Titz einmal live hören möchte: Ihr Lieblingsplatz ist der vor dem Mu-
seum Ludwig. Aber wie gesagt: nicht vor sieben Uhr abends!*

 *September 2009*

Uta »Crazy« Titz
wurde 1972 im Schwarzwald geboren. Wie die
(Waldorf-)Schule, so brach sie auch ihre Buch-
händlerinnenlehre vorzeitig ab. Als 21-Jährige wurde sie – freiwillig – obdachlos und
begann mit der Straßenmusik. 1995 gründete sie zusammen mit dem Sozialarbeiter und
Musikerkollegen Franco Clemens das Duo Magic Street Voices, das 13 Jahre Bestand
hatte. Über ihre Zeit auf der Straße schrieb sie 2003 einen autobiographischen Roman
namens »Stella Runaway«, der im selben Jahr den Kranichsteiner Förderpreis des Deutschen Literaturfonds erhielt. Aktuelle Beispiele ihrer Musik- und Lyrikproduktion finden
sich unter www.myspace.com/buskincrazy. Uta Titz wohnt in der Kölner Südstadt.

Bernd Imgrund | Autor und Journalist

geboren 1964 in Köln. Unter anderem schrieb er eine Kulturgeschichte des Skatspiels (»Das Skat-Lesebuch«) sowie den Schelmenroman »Quinn Kuul«. Im Emons Verlag erschienen das »Kölner Sammelsurium«, der satirische Reiseführer »Ölle. Die Stadt am Niehr«, der Roman »Fränki« sowie die beiden Stadtführer »111 Kölner Orte, die man gesehen haben muss«, Band 1 und 2.

Für den Emons Verlag unterhält er zudem einen regelmäßigen Blog: www.emons-verlag.blogspot.com